2024 행정사 1차 대비

최의란 행정학

파이널

행정학 개론

약력
- 제9회 행정사 자격시험 합격
- 합격의 법학원 행정사 2차 사무관리론 전임 교수

서울시립대학교 도시행정 학사 졸업
서울시립대락교 도시해정 석사 졸업
서울시립대학교 도시행정 박사 졸업

최의란 행정학
파이널 행정학 개론

초판 1쇄 인쇄   2024년 03월 05일
초판 1쇄 발행   2024년 03월 18일

저 자   최의란
발행인   윤혜영
편   집   진연, 서구름
표   지   그래픽웨일
마케팅   김대현

펴낸곳   로앤오더
주   소   (우)04778 서울시 성동구 왕십리로8길, 21-1 2층 201호
전   화   02-6332-1103 | 팩 스 02-6332-1104
이메일   lawnorder21@naver.com
블로그   blog.naver.com/lawnorder21
포스트   post.naver.com/lawnorder21

ISBN   979-11-6267-417-8
정 가   14,000원

파본은 본사에서 교환해 드립니다.
이 책은 저작권법에 따라 보호받는 저작물이므로 무단복제를 금지하며
이 책 내용의 전부 또는 일부를 이용하려면 반드시 저작권자와
로앤오더의 서면 동의를 받아야 합니다.
ⓒ 이 책에서 사용된 서체는 KoPub World바탕체, KoPubWorld돋움체,
롯데마트 드림체, 에스코어 드림체, 티몬체를 사용하였습니다.

머리말

여러분과 같이 행정사 수험생활을 겪고 행정사 시험에 합격한 사람으로서, 기출문제를 통해 핵심이론을 파악하는 것이 가장 중요한 공부의 비법입니다. 직장, 육아 등으로 시간이 없는 수험생분만 아니라 시험 직전에 마무리 정리하려는 수험생분들에게 도움이 되는 최종 정리용 수험서를 만들고 싶었습니다.

수험생들에게 합격의 길로 빠르고 효율적으로 안내할 수 있는 방법을 생각한다면 기출문제를 꼼꼼히 정리하는 것입니다. 이 교재는 행정사 역대 11회 기출문제를 분석하여 핵심기출문제를 토대로 정리하였습니다.

행정사 시험을 앞두고 이 교재를 반복하여 학습한다면 효율적인 마무리 공부방법이 될 것이라고 확신합니다. 이 교재가 공부하는 수험생분들에게 단기합격의 보물지도가 되길 바랍니다.

2024년 1월 저자 **최의란**

행정학 공부방법

행정학은 정치, 경제, 행정 등이 모두 함께 있는 종합학문의 성격을 지니기 때문에 많은 수험생들이 그 방대한 양에 힘들어합니다. 행정학을 공부하는 과정은 마치 숲과 같아서 무턱대고 나무 하나하나를 보면서 공부를 하다 보면 광활한 범위 때문에 무엇이 중요한지 보이지 않고, 어떤 방향이 맞는지 고민하며 길을 잃게 됩니다.

행정학을 전반적으로 이해하면서 공부하려면 행정학을 구성하는 많은 법과 제도 및 이론 등을 알아야 하기 때문에 기본서들이 두껍고 양이 많을 수밖에 없습니다.

그렇기 때문에 대다수의 행정사 1차를 준비하는 수험생들이 '행정학은 공부하면 할수록 어렵다...', '행정학은 공부해도 이해가 안 되고 정리가 안 된다.'라며 많은 고민을 토로하고 있습니다. 빠르게 길을 안내하는 지도의 역할은 단연코 기출문제입니다. 시간이 부족할수록, 합격으로 가는 길이 막막할수록 기출문제를 분석하여 시험에 빈출되는 주제부터 파악한다면 무엇이 더 중요한지 눈이 뜨일 것입니다.

모든 기본서의 내용을 동일한 비중으로 공부하는 것이 아니라 자주 나오고 중요하게 빈출되는 주제를 분석하여 우선순위를 파악해야 합니다. 우선순위가 보이기 시작하면 방대한 범위가 아닌 중요한 범위가 먼저 보이고 공부할 분량에 대한 부담감이 줄어들면서 숲을 먼저 보고 나무를 보는 공부를 할 수 있습니다. 이렇게 기출문제를 통해 출제 방법, 출제 비중을 인지하면 더 집중해서 공부해야 할 부분을 시험에 대비하여 '아 이렇게 실제 시험에서 출제가 되는구나.' 하고 생각하면서 공부할 수 있습니다.

행정학 기출문제 분석과 중요도는 이 교재를 통해 분석이 되어 핵심요약이 되어있기 때문에 이 교재를 따라오면서 공부하신다면 행정학을 통해 합격의 길로 안내할 것입니다.

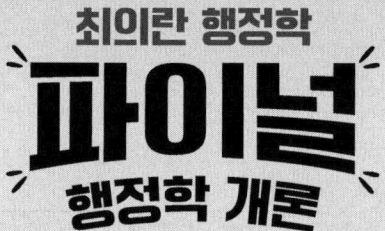

차 례

Topic 01	행정의 개념 및 특징	6
Topic 02	경영과 행정 및 정치와 행정	11
Topic 03	시장실패와 정부실패	16
Topic 04	행정가치	20
Topic 05	행정학의 주요이론(1) 인간관계론, 과학적관리론	24
Topic 06	행정학의 주요이론(2) 행태론, 생태론, 신행정학	28
Topic 07	행정학의 주요이론(3) 공공선택이론, 신제도주의론	32
Topic 08	행정학의 주요이론(4) 뉴거버넌스론, 신공공관리론, 신공공서비스론	37
Topic 09	정책의의 및 정책유형	43
Topic 10	정책과정 및 정책의제설정	47
Topic 11	정책분석 및 정책결정	51
Topic 12	정책집행 및 정책평가	57
Topic 13	조직구조	64
Topic 14	관료제 및 탈관료제	71
Topic 15	정부조직 및 책임운영기관	75
Topic 16	동기부여 과정이론 및 리더십 행동이론	81
Topic 17	인사행정 및 공직분류	86
Topic 18	우리나라 공무원의 시보임용 및 근무성적평가	93
Topic 19	공직부패 및 징계	100
Topic 20	예산의 원칙 및 예산제도	106
Topic 21	예산의 분류 및 예산의 구성	112
Topic 22	행정통제	116
Topic 23	옴부즈만 제도	119
Topic 24	행정개혁	123
Topic 25	정부 간 사무배분	126
Topic 26	지방자치단체의 재정	130
Topic 27	지방공기업	134

Topic 01 행정의 개념 및 특징

> **출제유형**
> 1. 행정(학)의 개념 및 특징을 묻는 문제가 거의 매년 출제된다.
> 2. 행정학은 사회과학 학문으로 종합 학문의 성격을 지닌다는 점을 기억한다.
> 3. 행정학의 과학성 vs 기술성의 특징을 비교하여 구분해야 한다.

I. 행정의 개념

1. 좁은 의미 : 행정부의 구조 + 정부관료제(공무원) → 조직 관리 활동
  좁은 의미의 행정은 행정부의 구조와 공무원을 포함한 정부 관료제를 중심으로 이뤄지는 활동을 의미한다.

2. 넓은 의미 : 정부 + 민간 → 서비스 공급 활동
  넓은 의미의 행정은 정부와 민간 중심으로 서비스를 공급하는 활동을 의미한다.

3. 오늘날 의미 : 행정의 영역 확대로 정의할 수 없고 다양하다.
  > **주의** 행정의 영역과 범위는 명확하게 설정되고 있지 않으며 그 한계도 분명하지 않아서 고도로 체계화된 개념화는 어렵다.(○)

4. 특징
  - 행정은 민주성, 능률성, 합법성, 효과성, 형평성 등을 추구
  - 행정은 거버넌스 성격을 지닌다.
    > 거버넌스 개념 : 시민사회, 정치집단, 시장과의 상호작용 속에서 공공가치의 달성을 위한 참여와 협력 개념.

Ⅱ. 행정학의 개념

1. 행정학 : 사회과학 학문으로 행정현상의 과학화, 가치지향

2. 종합학문의 성격 : 가치지향(value) + 경험적 접근(fact) = 이론과 실제의 통합

> 오답주의! 이론과 실제의 분리 ✕
>
> 중요! 학제간 성격, 간학문적(間學問的) 성격을 지닌다.

- 행정학은 다른 학문(정치학, 경제학, 경영학, 사회학, 법학, 심리학 등)으로부터 많은 이론과 지식을 받아들여 종합학문적인 성격(이론과 지식을 접목하여 사용)을 지니고 있다.
- 행정의 실체와 역할은 정부를 둘러싼 정치적, 사회적, 문화적 환경 등의 다양한 환경 속에서 규정된다.

3. 행정학의 과학성 vs 기술성

- 행정학의 과학성 : 사이몬(H.A Simon) 강조, 행정현상의 보편적인 원칙 인정, 행태주의
- 행정학의 기술성 : 왈도(D. Waldo) 강조

01

행정개념에 관한 설명으로 옳지 않은 것은?

① 행정의 실체와 역할은 정부를 둘러싼 정치적·사회적·문화적 환경 등의 다양한 환경 속에서 규정된다.
② 행정의 영역과 범위는 명확하게 설정되고 있지 않으며 그 한계도 분명하지 않아서 고도로 체계화된 개념화는 어렵다.
③ 행정에 대한 연구대상의 선택이나 연구방법의 변화에 따라 다르게 이해되어 왔다.
④ 행정개념이 기능개념이기 때문에 기능 변화와 다양화에 따라 여러 시각으로 설명될 수는 없다.
⑤ 오늘날에는 행정에 대한 개념 해석이 계속 확대되고 있다.

Point!
행정개념은 기능개념이기 때문에 기능 변화와 다양화에 따라 여러 시각으로 설명될 수 있다.

정답 ④

02

행정에 관한 설명으로 옳지 않은 것은?

① 공익을 지향하며 공공문제의 해결이라는 공공목적을 달성한다.
② 공공서비스를 생산하고 공급하며 배분하는 모든 활동을 의미한다.
③ 오늘날에는 정부가 공공서비스의 생산 및 공급을 독점한다.
④ 참여와 협력이라는 거버넌스 개념을 지향해가고 있다.
⑤ 공공서비스의 생산·분배 과정에서 국민의 의견을 존중하고 국민에 대해 책임을 다해야 한다.

Point!
정부가 공공서비스의 생산 및 공급을 독점하지 않는다.

정답 ③

03

행정(학)에 관한 설명으로 옳지 않은 것은?

① 행정은 민주성, 능률성, 합법성, 효과성, 형평성 등을 추구한다.
② 행정학은 행정현상의 과학화를 목적으로 하기 때문에 이론과 실제를 분리하여 연구하는 학문이다.
③ 행정학은 시민사회, 정치집단, 시장과의 상호작용 속에서 공공가치의 달성을 위해 정부가 수행하는 정책이나 관리활동에 대한 지식과 이론을 연구대상으로 한다.
④ 좁은 의미의 행정은 행정부의 구조와 공무원을 포함한 정부 관료제를 중심으로 이뤄지는 활동을 의미한다.
⑤ 행정학은 정치학, 경제학, 경영학, 사회학, 법학, 심리학 등의 이론과 지식을 접목하여 사용하고 있다.

Point!
행정학은 사회과학 학문으로 종합학문의 성격을 지닌다. 행정학의 사회과학 성격은 행정현상의 과학화를 목적으로 하기 때문에 이론과 실제를 통합하여 연구하는 학문이다.

정답 ②

04

행정학의 학문적 성격에 관한 설명으로 옳은 것은?

① 행정학의 과학성을 강조하는 사람들은 행정현상의 보편적인 원칙을 인정하지 않는다.
② 행정학에서 기술성은 행태주의에 의해 중요하게 제기되었다.
③ 상대적으로 사이먼(H. A Simon)은 기술성을, 왈도(D. Waldo)는 과학성을 더 강조하였다.
④ 행정학은 다른 학문으로부터 많은 이론과 지식을 받아들여 종합학문적인 성격을 지니고 있다.
⑤ 1950년대에 공공선택론, 신행정론 등의 영향으로 행정학의 정체성 위기가 처음 등장했다.

Point!
• 행정학의 과학성 : 사이먼(H.A Simon) 강조, 행정현상의 보편적인 원칙 인정, 행태주의
• 행정학의 기술성 : 왈도(D. Waldo) 강조

정답 ④

05

행정(학)의 성격에 관한 설명으로 옳지 않은 것은?

① 행정에서 '가치의 권위적 배분'을 강조하는 것은 행정의 정치적 특성을 나타낸다.
② POSDCORB는 행정의 관리적 측면을 강조하는 것이다.
③ 행정학은 실증학문일 뿐만 아니라 가치지향적인 규범학문의 성격도 지닌다.
④ 행정 관료의 정책형성에 대한 영향력 증가는 대의민주제의 정치적 책무성(political accountability)을 강화시킨다.
⑤ 행정학은 학제간(interdisciplinary) 성격을 갖는다.

> **Point!**
> 행정 관료의 정책형성에 대한 영향력 증가는 상대적으로 입법부의 영향력을 약화시켜 대의민주제의 정치적 책무성을 약화시킨다.

정답 ④

Topic 02 경영과 행정 및 정치와 행정

> **출제유형**
> 1. 경영 vs 행정의 유사점과 차이점을 비교하여 출제된다.
> 2. 정치 vs 행정의 관점에서 정치행정일원론과 정치행정이원론을 확실히 구분해서 암기해야 한다.

Ⅰ. 정치 vs 행정 vs 경영

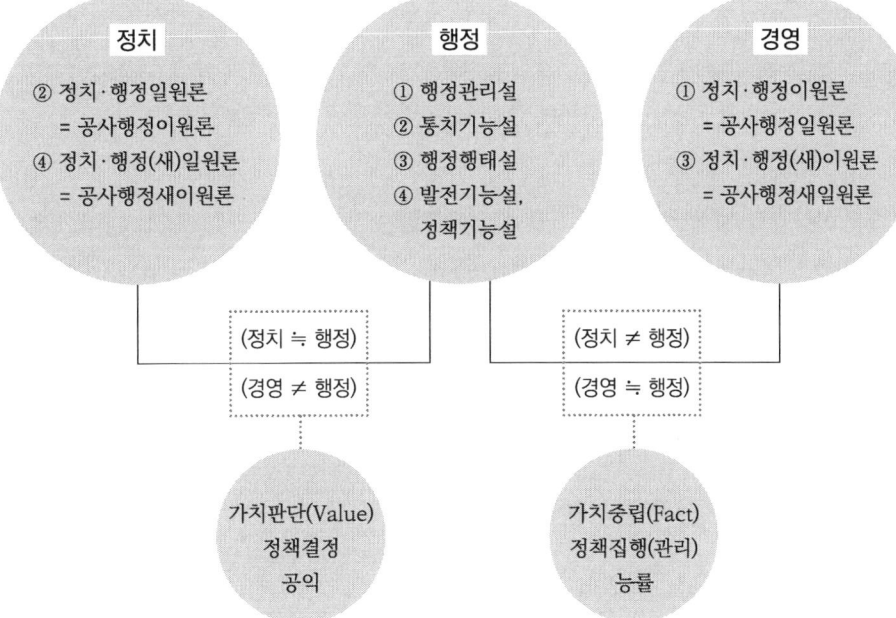

Ⅱ. 경영과 행정의 비교

행정	Public Administration : 공행정 → 행정
	Business Administration : 사행정 → 경영

구분	행정	경영
주체	정부	기업
목적	공익추구	사익추구
수단	권력수단	시장기구
법적규제	강	약
독점성	강	약
공개성	강	약
평등성	적용	배제

- 행정은 공익추구를 핵심가치로 하지만, 경영은 이윤추구를 핵심가치로 한다.
- 행정은 경영보다 의회, 정당, 이익단체로부터 더 강한 비판과 통제를 받는다.
- 행정은 공익을 추구하기 때문에 경영보다 법적 규제를 더 많이 받는다.

  오답주의! 법적 규제를 적게 ✕

- 행정은 경영보다 더 강한 권력수단을 갖는다.
- 행정은 모든 국민에게 법 앞에 평등원칙이 지배하지만 경영은 고객에 따라 대우를 달리할 수 있다.
- 상대적으로 행정은 권력적 측면이 강하게 나타나고, 경영은 관리적 측면이 강하게 나타난다.

Ⅲ. 정치행정일원론과 정치행정이원론 비교

구분	정치행정일원론	정치행정이원론
의미	정치 = 행정	정치 ≠ 행정
성격	가치(value)	가치중립(fact)
기능	정치적 기능	능률성
학자	디목, 애플비	윌슨, 화이트
배경	경제대공황, 뉴딜정책 이후 정부의 적극적 역할	엽관주의 폐해 극복
시기	1930's 이후	19c 행정학 성립 초기

1. 정치행정일원론
- 1930년대 이후 경제대공항, 뉴딜정책 이후 정부의 적극적 역할이 강조된 시기에 발달되었다.
- 행정에 있어서 정책수립이라는 정치적, 가치 배분적 기능이 중요시된다. (행정의 정치적 성격 강조)
- 정치와 행정은 불가분의 관계에 있으므로 둘은 상호배타적이라기보다 서로 협조적 관계에 있다. (연계성 강조)
- 디목, 애플비 등에 의해 주장되었다.

2. 정치행정이원론
- 19세기 엽관주의의 병폐를 극복하기 위해 대두되었다.
- 과학적 관리론은 정치행정이원론의 발전에 기여하였다.
- 정치와 행정을 엄격히 구분하였다. (분리성 강조)
- 윌슨, 화이트 등에 의해 주장되었다.
- 행정에 있어 절약과 능률을 최고 가치로 추구한다. (행정의 경영적 성격 강조)

01
기출문제 7회

행정과 경영의 비교에 관한 설명으로 옳지 않은 것은?

① 행정의 목적은 공익 추구이고, 경영의 목적은 이윤 극대화이다.
② 행정은 경영보다 상대적으로 엄격한 법적 규제를 받는다.
③ 행정은 모든 국민에 대한 평등성이 강조되지만 경영은 이윤 추구 과정에서 고객 간 차별대우가 용인된다.
④ 행정과 경영은 능률성을 추구하는 과정에서 유사한 관리기법을 많이 활용한다.
⑤ 상대적으로 행정은 관리적 측면이 강하게 나타나고 경영은 권력적 측면이 강하게 나타난다.

Point!
상대적으로 경영은 관리적 측면이 강하게 나타나고 행정은 권력적 측면이 강하게 나타난다.

정답 ⑤

02
기출문제 1회

행정과 경영의 차이점에 관한 설명으로 옳지 않은 것은?

① 행정은 공익추구를 핵심가치로 하지만, 경영은 이윤추구를 핵심가치로 한다.
② 행정은 경영보다 의회, 정당, 이익단체로부터 더 강한 비판과 통제를 받는다.
③ 행정은 공익을 추구하기 때문에 경영보다 법적 규제를 적게 받는다.
④ 행정은 경영보다 더 강한 권력수단을 갖는다.
⑤ 행정은 모든 국민에게 법 앞에 평등원칙이 지배하지만 경영은 고객에 따라 대우를 달리할 수 있다.

Point!
행정은 공익을 추구하기 때문에 경영보다 법적 규제를 많이 받는다.

정답 ③

03
기출문제 4회

정치행정일원론과 정치행정이원론에 관한 설명으로 옳은 것은?

① 정치행정이원론은 행정의 정치적 기능을 강조한다.
② 과학적 관리론은 정치행정일원론의 발전에 기여했다.
③ 정치행정일원론은 정치와 행정을 엄격히 구분한다.
④ 정치행정이원론은 엽관주의의 폐해를 극복하기 위하여 대두되었다.
⑤ 윌슨(Wilson)은 정치행정일원론의 입장을 견지하였다.

Point!
① 정치행정일원론은 행정의 정치적 기능을 강조한다.
② 과학적 관리론은 정치행정이원론의 발전에 기여했다.
③ 정치행정이원론은 정치와 행정을 엄격히 구분한다.
⑤ 윌슨(Wilson)은 정치행정이원론의 입장을 견지하였다.

정답 ④

04
기출문제 3회

정치행정일원론에 관한 설명으로 옳지 않은 것은?

① 경제대공황(Great Depression), 뉴딜정책 이후 정부의 적극적 역할이 강조된 시기에 발달되었다.
② 행정에 있어서 정책수립이라는 정치적·가치 배분적 기능이 중요시된다.
③ 정치와 행정은 불가분의 관계에 있으므로 둘은 상호배타적이라기보다 서로 협조적 관계에 있다.
④ 디목(M E. Dimock), 애플비(P. H. Appleby) 등에 의해 주장되었다.
⑤ 행정에 있어서 절약과 능률을 최고 가치로 추구한다.

Point!
정치행정이원론에서 절약과 능률을 최고 가치로 추구한다.

정답 ⑤

05
기출문제 2회

공공행정에 관한 설명으로 옳지 않은 것은?

① 행정은 사회환경과 밀접한 관계를 갖고 있다.
② 행정국가는 정치행정일원론의 입장에서 설명할 수 있다.
③ 행정은 경영보다 엄격한 법적 규제를 받는다.
④ 행정에 있어서 의사결정은 가치체계와 밀접한 관계를 갖고 있다.
⑤ 국민의 권리를 제한하고 의무를 부과하는 것은 행정의 본질과 거리가 멀다.

Point!
행정은 본질적으로 국민의 권리를 제한하고 의무를 부과하는 규제를 한다.

정답 ⑤

Topic 03 시장실패와 정부실패

> **출제유형**
> 1. 시장실패에 관한 문제가 거의 매년 출제된다.
> 2. 시장실패 vs 정부실패의 원인과 특징을 비교하여 헷갈리지 않도록 주의해야 한다.
> 3. 재화의 유형 4가지 특징이 연계되어 출제되기 때문에 정리해야 한다.

I. 시장실패

1. 개념
시장에 의한 자원배분이 효율성과 형평성을 달성하지 못한 상태

2. 원인

1) **공공재의 존재**
   공공재의 특징인 비경합성과 비배제성으로 시장에서 공급이 불가능하다.

2) **외부효과**
   경제주체의 행동이 제3자에게 이득 또는 손해를 가져다주는 효과를 말한다.

3) **불완전경쟁**
   독과점의 출현으로 가격 담합 등의 문제가 발생하여 공정경쟁을 저해한다.

4) **자연독점**
   규모의 경제로 인한 자연독점이 발생한다.

5) **독과점 출현**
   독점 또는 과점의 출현으로 가격 담합 등의 문제가 발생한다.

6) **정보의 비대칭(정보의 불충분성)**
   생산자와 소비자 간의 정보가 불충분하여 정보의 불균형을 가져온다.

II. 정부실패

1. 개념
시장실패로 인한 정부의 개입으로 자원배분이 효율성과 형평성을 달성하지 못한 상태

2. 원인

1) 파생적 외부효과

    정부의 개입으로 의도하지 않은 부작용이 발생한다.

2) 내부조직목표와 사회적 목표의 괴리(내부성, 사적목표설정)

    관료제 내 공적인 목표 보다는 개인의 사적인 목표를 추구한다.

3) X-비효율성

    정부의 독점적 지위로 인해 생산의 평균비용이 증가하는 현상이다. 생산비용을 낮출 유인이 부족해서 발생한다.

    주의 정부의 공급측면(독점적 지위) 때문에 발생한다.

4) 비용과 수입의 절연(비용과 편익의 괴리)

    수혜자와 비용부담자가 다르기 때문에 효율적인 자원배분이 어려운 현상이다.

    암기! 정부실패의 원인 내, X, 파, 비 (두문자)

III. 정부 대응

구 분	공적공급	공적유도(보조금)	정부규제
공공재의 존재	○		
외부효과		○(외부경제)	○(외부불경제)
자연독점	○		○
불완전경쟁			○
정보의 비대칭성		○	○

IV. 재화의 4가지 종류

1. **경합성** : 한 사람이 더 많이 소비하면 다른 사람의 소비가 줄어드는 재화의 특성

2. **배제성** : 어떤 재화를 소비함에 있어서 다른 사람을 배제할 수 있는 특성

종 류	경합성 ○	경합성 X (=비경합성)
배제성 ○	민간재(private goods) ex. 물건, 교육, 의료 등	유료재(toll goods) ex. 전기, 수도, 고속도로, 공원 등
배제성 X (=비배제성)	공유재(common pool goods) ex. 목초지, 국립 공원, 천연자원 등	공공재(public goods) ex. 국방, 치안, 등대 등

01
기출문제 10회

시장실패의 이유에 관한 내용으로 옳은 것을 모두 고른 것은?

> ㄱ. 정부의 공공지출에 대한 순편익 극대화 보장의 어려움
> ㄴ. 공공서비스 성과평가의 객관적 기준설정의 어려움
> ㄷ. 국방 및 치안서비스 활동과 같은 공공재의 독점적 성격
> ㄹ. 환경오염으로 인한 외부불경제 효과

① ㄱ, ㄴ　② ㄱ, ㄹ　③ ㄴ, ㄷ
④ ㄴ, ㄹ　⑤ ㄷ, ㄹ

Point!

ㄱ. 정부의 공공지출에 대한 순편익 극대화 보장의 어려움은 <u>정부실패</u>
ㄴ. 공공서비스 성과평가의 객관적 기준설정의 어려움은 <u>정부실패</u>

정답　⑤

02
기출문제 6회

시장실패에 관한 설명으로 옳은 것은?

① 시장에서의 정보 비대칭성은 자원배분의 효율성과는 무관하다.
② 전기·수도와 같은 공공서비스 공급에 정부가 개입하는 이유는 해당 서비스가 비경합성과 비배제성을 지니고 있기 때문이다.
③ 긍정적 외부효과가 존재하는 시장의 경우 과소공급에 따른 비효율성이 초래된다.
④ 코우즈 정리(Coase Theorem)에서는 부정적 외부효과의 해결을 위한 정부의 규제정책을 강조한다.
⑤ 자연독점산업의 경우 경쟁의 촉진이 산업 전체의 생산비용 절감 측면에서 유리 하다.

Point!

① 시장에서의 정보 비대칭성은 <u>자원배분의 비효율성을</u> 가져온다.
② 전기·수도와 같은 공공서비스 공급에 정부가 개입하는 이유는 해당 서비스가 <u>비경합성과 배제성을</u> 지니고 있기 때문이다.
④ 코우즈 정리(Coase Theorem)에서는 부정적 외부효과의 해결을 위한 정부의 규제정책이 아닌 <u>소유권의 설정을 강조</u>한다.
⑤ 자연독점산업의 경우 경쟁의 촉진이 산업 전체의 생산비용 절감 측면에서 <u>불리하다</u>.

정답　③

03
기출문제 5회

시장실패의 요인으로 옳지 않은 것은?

① 비용과 편익의 괴리
② 외부효과의 발생
③ 공공재의 존재
④ 소득의 불공정한 분배
⑤ 독과점의 출현

> **Point!**
> 비용과 편익의 괴리는 정부실패의 요인이다.

정답 ①

04
기출문제 8회

시장실패의 요인으로 옳은 것을 모두 고른 것은?

ㄱ. 불완전한 경쟁
ㄴ. 비용과 수입의 절연
ㄷ. 정보의 불충분성
ㄹ. 내부조직목표와 사회적 목표의 괴리
ㅁ. 파생적 외부효과
ㅂ. 외부효과

① ㄱ, ㄷ, ㅂ
② ㄱ, ㄹ, ㅁ
③ ㄱ, ㄹ, ㅂ
④ ㄴ, ㄷ, ㅁ
⑤ ㄴ, ㄹ, ㅁ

> **Point!**
> • 시장실패의 요인 : 불완전한 경쟁, 정보의 불충분성, 외부효과
> • 정부실패의 요인 : 비용과 수입의 절연, 내부조직목표와 사회적 목표의 괴리, 파생적 외부효과

정답 ①

05
기출문제 6회

경합성과 배제성을 기준으로 분류한 재화의 유형에 관한 설명으로 옳지 않은 것은?

① 공유재는 경합성과 비배제성을 지니고 있다.
② 유료재(toll goods)는 고속도로나 공원 같이 배제원칙의 적용이 가능한 공공재를 포함한다.
③ 순수공공재의 공급은 정부가 담당하지만 그 비용은 수익자가 자신의 편익에 정비례하여 직접 부담한다.
④ 순수민간재는 경합성과 배제성을 동시에 지니고 있다.
⑤ 공공재의 존재는 시장실패를 초래할 수 있다.

> **Point!**
> 순수공공재의 공급은 정부가 담당하지만 그 비용은 다수(국민)가 부담하기 때문에 수익자가 자신의 편익에 정비례하여 직접 부담하지 않는다.

정답 ③

Topic 04 행정가치

> **출제유형**
> 1. 행정이 추구하는 가치(행정가치)를 묻는 문제는 행정학 기출 단골문제이다.
> 2. 행정가치 중에서 본질적 가치 vs 수단적 가치를 비교하여 암기해야 한다.
> 3. 행정이념의 변천과정을 흐름에 따라 공부하고 시기별 추구하는 가치를 정리해야 한다.

I. 행정가치

1. 본질적 가치 : 행정이 달성하고자 하는 궁극적 가치
ex. 공익성, 정의, 복지, 형평성, 평등, 자유 등

- **암기!** 본질적 가치는 공, 정, 복, 형, 평, 자 (두문자)
- **심화!** 롤즈(J.Rawls)의 정의론 : 사회적으로 최소의 혜택을 받는 사람들에게 차별적 이익을 제공하는 이론적 근거를 제공한다.(최소극대화 원리)

2. 수단적 가치 : 본질적 가치를 달성하기 위한 수단적 가치
ex. 합법성, 능률성, 민주성, 효과성, 투명성, 가외성, 신뢰성 등

- **심화!** 가외성(redundancy)
  - 행정의 불확실성에 대비하기 위한 여유분, 중첩을 의미
  - 조직의 적응성, 안정성을 높인다.

II. 공익을 바라보는 관점 : 실체설 vs 과정설

1. 실체설(집단주의)
- 개인의 사익을 초월한 공익이 존재한다는 관점
- 공익은 사익의 총합을 최대화

2. 과정설(개인주의)
- 개인의 사익 추구를 강조
- 공익은 사익으로부터 도출되며, 공익은 사익의 총합

> **중요** 본질적 가치에서 공익적 성격과 관련하여 실체설과 과정설의 관점이 연계되어 출제된다.

Ⅲ. 행정이념의 변천

시 기	행정이론	행정이념	개 념
19세기 초	관료제이론	합법성	법률에 의한 행정
19세기 말	행정관리론	능률성(기계적 능률성)	산출/투입
1930년대	통치기능론	민주성(사회적 능률성)	국민을 위한 행정
1950년대	행태론	합리성	목표에 대한 수단의 적합성
1960년대	발전행정론	효과성	목표달성도
1970년대	신행정론	형평성	소외계층 배려 강조
1980년대	신공공관리론	생산성	능률성 + 효과성
1990년대	뉴거버넌스	신뢰성	정부에 대한 국민의 믿음(사회적 자본)

심화! 사회적 자본(Social capital) : 사회구성원들 간의 신뢰와 협력 강조

중요! 행정가치는 시대의 요구에 따라 변하기 때문에 등장 배경과 연계하여 이해해야 한다.

01
기출문제 4회

행정이 추구하는 가치 중 본질적 가치에 해당하는 것은?

① 능률성　② 형평성　③ 합법성
④ 합리성　⑤ 효과성

> **Point!**
> 능률성, 합법성, 합리성, 효과성은 수단적 가치이다.

정답 ②

02
기출문제 6회

실체설의 관점에서 본 공익의 개념에 관한 설명으로 옳은 것은?

① 개인의 사익을 초월한 공익이 존재한다.
② 개인의 사익 추구가 결과적으로 공동체의 선을 최대한 증대시킨다.
③ 공익은 사익의 총합이거나 사익 간의 타협 및 조정과정을 통해 얻어진다.
④ 공익은 민주적 정치체제 내의 개인과 집단 간 정치활동의 결과물이다.
⑤ 여러 사회집단의 대립과 협상과정에서 결과적으로 다수 이익에 일치되는 것이 공익으로 도출된다.

> **Point!**
> ②, ③, ④, ⑤는 과정설에 대한 설명이다.

정답 ①

03
기출문제 11회

공익의 실체설과 과정설에 관한 설명으로 옳은 것을 모두 고른 것은?

> ㄱ. 사익과 차별화되는 공익의 존재를 인정하는 실체설은 공익이 행정의 구체적인 지침이 될 수 있다고 본다.
> ㄴ. 실체설은 개인이나 집단 사이의 이해를 조정하는 행정의 조정자 역할을 강조한다.
> ㄷ. 과정설은 이해당사자 사이의 협상과 타협을 통해 규범적 절대가치에 도달할 수 있다고 본다.
> ㄹ. 「지방재정법」에 규정된 주민참여예산제도의 준수를 통해 지방자치단체의 예산을 배분하는 것은 과정설에 해당된다.

① ㄱ, ㄴ　② ㄱ, ㄹ　③ ㄴ, ㄷ
④ ㄱ, ㄷ, ㄹ　⑤ ㄴ, ㄷ, ㄹ

> **Point!**
> ㄴ. 과정설은 개인이나 집단 사이의 이해를 조정하는 행정의 조정자 역할을 강조한다.
> ㄷ. 과정설은 이해당사자 사이의 협상과 타협을 통해 도출된 공익이 규범적 절대가치에 도달할 수 있다고 보지 않는다.

정답 ②

04
기출문제 2회

행정에 있어서 가외성(Redundancy)에 관한 설명으로 옳지 않은 것은?

① 중첩성이라고도 한다.
② 작고 효율적인 행정개혁을 저해할 수도 있다.
③ 조직의 실패 확률을 감소시켜 안정성을 높여준다.
④ 환경의 불확실성이 커질수록 가외성의 필요성은 감소한다.
⑤ 환경에 대한 조직의 적응성을 높여준다.

Point!
환경의 불확실성이 커질수록 가외성의 필요성은 증가한다.

정답 ④

05
기출문제 7회

투입에 대한 산출의 비율로서 과학적 관리론에서 추구하는 행정가치는?

① 형평성　② 민주성　③ 가외성
④ 능률성　⑤ 합법성

정답 ④

06
기출문제 5회

발전목표의 설정과 달성을 통해 국가발전을 추진하던 1960년대 발전 행정적 사고가 지배적일 때 부각되어 중요시되었던 행정가치는?

① 능률성　② 효과성
③ 합법성　④ 사회적 효율성
⑤ 법적 책임성

Point!
효과성은 목표달성 정도를 의미한다.

정답 ②

07
기출문제 2회

행정가치에 관한 설명으로 옳지 않은 것은?

① 합법성은 시민권의 신장과 자유권의 옹호가 중요했던 입법국가 시대의 주요가치이다.
② 신공공관리론에서는 정치적 책임성과 법적 책임성 외에도 시장 책임성을 강조한다.
③ 효과성은 1960년대 발전행정의 사고가 지배적일 때 주된 가치판단 기준이었다.
④ 사회적 능률성은 민주성의 개념으로 이해되는데 신행정론에서 처음 주창된 가치이다.
⑤ 민원처리 과정을 온라인으로 공개함으로써 과정의 투명성을 확보할 수 있다.

Point!
신행정론에서 처음 주창된 가치는 형평성이다. 통치기능론에서 강조되는 가치는 사회적 능률성(민주성)이다.

정답 ④

Topic 05 인간관계론, 과학적관리론

행정학의 주요이론(1)

> **출제유형**
> 1. 행정학의 주요이론은 최근 자주 출제되는 파트이며, 내용이 어렵고 많아서 꼼꼼히 공부해야 한다.
> 2. 미국 행정학의 형성과 발달과정을 흐름에 따라 정리한다.
> 3. 근대입법국가(소극행정) 배경으로 과학적관리론 vs 인간관계론 비교하여 암기해야한다.

Ⅰ. 미국 행정학의 형성과 발달과정

1. 미국 행정학 성립 이전
- 1829년 잭슨 대통령 당선 이후 엽관주의 도입
- 1883년 제정된 펜들턴법(Pendleton Act)에 의해 실적주의 도입
- 1887년 윌슨(W. Wilson)의 "행정의 연구(The Study of Administration)" 논문 발표에 의해 미국 현대행정학 성립

  > **중요** 윌슨은 정치행정이원론 강조, 행정학 연구의 개념적 기초를 제공

2. 미국 행정학 성립 이후
- 1910년대 이후 관리기법을 탐구하는 행정관리설 도입되어 정통 행정학 성립
- 1920년대~1930년대 절약과 능률에 기초한 관리를 주장하는 정통 행정학 발전
- 1930년대 이후 경제공황 이후 정부의 역할을 강조하는 행정국가의 등장과 함께 정치행정일원론 형성
- 1940년대 이후 행태주의는 행정학의 과학화를 위하여 사실판단적인 것만을 연구대상으로 한다.

Ⅱ. 과학적 관리론

1. 배경 : 시간과 동작 연구(Talyor)

2. 개념 : 생산성 향상을 위해 공식구조 중심의 과학적 관리기술을 연구한 고전적 관리이론

3. 특징
- 정치행정이원론의 발전에 기여한 이론이다.
- 공식적집단의 역할을 강조, 생산성 향상을 추구한다.
- 과업목표의 달성을 위해 체계적인 관리와 통제를 중시하는 관료제 조직에 도입하기에 적합하다.
- 고전적 행정학의 성립에 기여

Ⅲ. 인간관계론

1. 배경 : 메이요의 호손 실험(Mayo)

2. 개념 : 인간을 사회적 유인에 동기부여 되는 존재로 파악하고 조직 내에서 생산성을 향상시킬 수 있는 관리방법을 탐구한 신고전적 관리이론

3. 특징
- 작업환경이나 물리적 조건보다 조직구성원들의 사회심리적 요인을 중시
- 비공식적 조직의 역할을 중시하고, 생산성 향상을 추구한다.
- 신고전적 행정학 형성에 기여

> **중요!** 과학적 관리론과 인간관계론은 공통적으로 생산성 향상을 추구(=능률성, 투입/산출)한다. 그러나 과학적 관리론은 기계적 능률을 강조한 반면, 인간관계론은 사회적 능률을 강조한다.

01

미국 행정학의 형성과 발달과정에 관한 설명으로 옳지 않은 것은?

① 1883년 제정된 펜들턴법(Pendleton Act)에 의해 엽관제 인사제도가 도입되었다.
② 1887년 윌슨(W. Wilson)은 "행정의 연구(The Study of Administration)"에서 행정의 본질을 관리로 파악하였다.
③ 1920년대에서 1930년대에 걸쳐 능률에 기초한 관리를 주장하는 정통 행정학의 모습을 갖추게 되었다.
④ 1930년대 이후 등장한 정치행정일원론은 행정의 정책형성 기능을 중시하였다.
⑤ 1940년대 이후 행태주의는 행정학의 과학화를 위하여 사실판단적인 것만을 연구대상으로 삼았다.

Point!
1883년 제정된 펜들턴법(Pendleton Act)에 의해 실적주의가 도입되었다.
주의! 엽관주의는 1829년 잭슨 대통령 당선으로 도입되었다.

정답 ①

02

인간관계론에 관한 설명으로 옳지 않은 것은?

① 비공식적 집단의 역할을 강조한다.
② 메이요(E. Mayo)의 호손(Hawthorne) 실험은 인간관계론의 형성에 영향을 주었다.
③ 인간을 생존에 대한 기본적인 욕구에 의해 동기 부여되는 것으로 본다.
④ 과학적 관리론과 마찬가지로 생산성 향상을 추구한다.
⑤ 작업환경이나 물리적 조건보다 조직구성원의 사회심리적 요인을 중시한다.

Point!
인간관계론은 인간을 기본적 욕구가 아닌 사회적 요인에 따라 동기 부여되는 것으로 본다.

정답 ③

03 기출문제 4회

과학적 관리론과 인간관계론에 관한 설명으로 옳지 않은 것은?

① 과학적 관리론은 비공식적 집단의 역할을 강조하지만, 인간관계론은 공식적 조직의 역할을 중시한다.
② 메이요(Mayo)의 호손(Hawthorne) 실험은 인간관계론의 형성에 영향을 주었다.
③ 인간관계론은 작업환경이나 물리적 조건보다 조직구성원들의 사회심리적 요인을 중시한다.
④ 과학적 관리론과 인간관계론은 생산성 향상을 추구한다는 점에서 유사하다.
⑤ 과학적 관리론은 과업목표의 달성을 위해 체계적인 관리와 통제를 중시하는 관료제 조직에 적합하다.

> **Point!**
> 인간관계론은 비공식적 집단의 역할을 강조하지만, 과학적 관리론은 공식적 조직의 역할을 중시한다.

정답 ①

04 기출문제 10회

행정학의 주요 이론에 관한 내용으로 옳지 않은 것은?

① 신제도주의론은 공식적 제도나 구조는 물론 비공식적 제도와 규범도 중요하게 강조한다.
② 행태주의 행정연구는 가치와 사실문제를 엄격하게 구분하고 자유와 평등의 가치를 연구대상에서 제외한다.
③ 체제이론은 행정현상을 여러 변수 중에서 환경을 포함해 거시적으로 접근한다.
④ 인간관계론은 조직목표 달성을 위해 생산성과 능률성에 기반을 둔 금전적 보상과 경제적 인간관을 강조한다.
⑤ 신행정학 이론은 참여와 형평의 가치를 중심으로 현실문제의 처방적 연구를 중시한다.

> **Point!**
> 과학적 관리론은 조직목표 달성을 위해 생산성과 능률성에 기반을 둔 금전적 보상과 경제적 인간관을 강조한다.

정답 ④

Topic 06 행태론, 생태론, 신행정학
행정학의 주요이론(2)

> **출제유형**
> 1. 행정학의 주요이론은 최근 자주 출제되는 파트이며, 내용이 어렵고 많아서 꼼꼼히 공부해야 한다.
> 2. 현대행정국가 배경(적극행정)으로 행정행태론, 신행정학으로 가는 거시적인 흐름을 이해한다.
> 3. 생태론, 비교행정론, 발전행정론, 체제론이 등장하는데, 특히 생태론, 비교행정론, 체제론이 출제되었다.

Ⅰ. 행정행태론

1. 개념
인간의 행위(behavior)를 연구대상으로 하여 행정연구를 가치중립적으로 객관적 분석

2. 특징
- 행정연구에 과학주의를 도입하여 객관적·실증적 분석이 가능
- 가치와 사실을 분리하여 가치중립적이며 과학적인 탐구를 강조

  주의! 과학주의 = 과학적 연구방법 = 가치중립성 = 가치와 사실 분리

  오답주의! 가치와 사실 통합 ✕

3. 학자 : 사이먼(H. A. Simon), 버나드

  심화! 사이먼(H. A. Simon)
  - 과학성을 강조한다.

    오답주의! 기술성 강조 ✕

  - 행정의 본질을 의사결정으로 인식하고, 합리성에 대해 연구
  - 의사결정이 제한적 합리성하에서 이루어진다고 주장

    오답주의! 완전한 합리성 ✕

4. 한계
방법론의 강조로 연구대상과 범위의 제한을 가져와서 가치를 배제

II. 신행정학

1. 개념
1960년대 말 미국 사회 격동기 문제 해결을 위해 행정의 현실적합성을 높이기 위한 연구

2. 특징
- 기존의 행정연구를 비판하며 현실적합성 추구, 실천적인 행정연구 강조(정치·행정새일원론)
- 고객 중심의 행정, 사회적 형평성의 가치를 강조 (ex. 인종차별 등)
- 행태주의에 대한 비판으로 후기행태주의, 현상학의 성격

3. 학자 : 왈도(Waldo)
> **주의!** 왈도는 기술성을 강조

III. 생태론·비교행정론

1. 개념
행정현상을 자연·사회·문화적 환경과 관련시켜 이해하며 집행적 행위나 제도를 거시적 수준에서 분석

2. 특징
- 행정을 하나의 유기체로 파악하여 행정체제의 개방성을 인식
- 가치중립성과 과학성을 지향하여 행정의 과학화에 기여
- 개발도상국 행정현상을 설명하기 위한 연구

3. 학자 : 가우스, 리그스

> **심화!** 리그스(F. W. Riggs)의 사회삼원론

구분	융합사회	프리즘적사회	분화사회
구조	농업사회	과도기적 사회	산업사회
행정 모형	안방모델 (Chamber Moel) 공·사 구분 X	사랑방 모델 (Sala Model) 공·사 혼재	사무실모델 (Office Model) 공·사 구분 O

> **주의!** 프리즘적 사회 = 전이사회 = 과도기사회 = 굴절사회
> 프리즘적 사회는 개발도상국을 의미한다.

Ⅳ. 발전행정론

1. 개념
1960년대 발전목표의 설정과 달성을 통해 국가발전을 추진하던 발전 행정적 사고

2. 특징
- 효과성을 강조
- 개발도상국의 국가발전을 위한 행정의 주도적 역할을 강조(정치행정일원론)
- 실천적 연구, 처방적 연구를 중시하며 기술성을 강조

  오답주의! 과학성 강조 ✕

  주의! 비교행정론은 과학성을 강조하는 반면, 발전행정론은 기술성을 강조

Ⅴ. 체제론

1. 개념
행정과 환경의 상호작용 속에서 행정현상을 연구하려는 접근방법

2. 특징
- 안정을 중시하기 때문에 선진국 사회연구에 적합하다.

  오답주의! 개발도상국 연구 ✕

- 행정현상의 전체성을 강조한다.

01
기출문제 1회

다음 지문에서 설명하는 행정 이론은?

> 인간행위를 연구대상으로 정립했으며 행정연구에 과학주의를 도입하여 가치중립적인 객관적 분석을 가능하게 하였다. 그러나 이 이론은 과학적·계량적 연구방법론의 강조로 연구대상과 범위의 제한을 가져왔다는 비판을 받고 있다.

① 과학적 관리론 ② 인간관계론
③ 행정체제이론 ④ 신공공서비스론
⑤ 행정행태론

정답 ⑤

02
기출문제 2회

리그스(F. W. Riggs)의 프리즘적 모형(Prismatic Model)에 관한 설명으로 옳지 않은 것은?

① 개발도상국의 행정체제를 설명하기 위한 이론적 모형이다.
② 프리즘적 사회는 농업사회에서 산업사회로 넘어가는 과도기적 사회를 말한다.
③ 프리즘적 사회의 특징은 형식주의, 정실주의, 이질혼합성을 들 수 있다.
④ 생태론적 접근방법에 의해 설명된다.
⑤ 농업사회에서 지배적인 행정 모형을 사랑방 모형(Sala Model)이라 한다.

Point!
프리즘적 사회에서의 행정 모형은 사랑방 모형이다.

정답 ⑤

03
기출문제 5회

신행정학(new public administration)이 중요시하여 추구하였던 것은?

① 행정의 탈정치화
② 가치와 사실의 분리
③ 논리실증주의
④ 절약과 능률
⑤ 현실적합성

Point!
신행정학은 1960년대 말 미국 사회 격동기 문제 해결을 위해 행정의 현실적합성을 높이기 위한 연구이다.

정답 ⑤

Topic 07 공공선택이론, 신제도주의론
행정학의 주요이론(3)

> **출제유형**
> 1. 행정학의 주요이론은 최근 자주 출제되는 파트이며, 내용이 어렵고 많아서 꼼꼼히 공부해야 한다. 앞서 배운 이론들과 연계되어 출제되므로 정확하게 구분하여 공부한다.
> 2. 1970년대 정부실패 이후 신행정국가(소극행정) 배경으로 공공선택이론, 신제도주의론의 흐름을 정리해야 한다.
> 3. 신제도주의론에서 합리적 선택, 역사적, 사회학적 신제도주의를 비교하여 헷갈리지 않도록 주의한다.

Ⅰ. 공공선택이론

1. 개념
공공서비스의 효율적 공급을 위해 공공부문(비시장적 영역, non-market)의 시장경제화를 추구하며 정치적 및 행정현상에 경제학적 분석도구를 적용하여 설명한다.

2. 특징
- 정부를 공공재의 생산자로, 시민들을 공공재의 소비자로 규정하여 시민 개개인의 선호를 중요시한다.
- 합리적 선택 제도주의의 대표적 이론 중 하나이다.
- 정치·행정 현상의 경제학적 분석을 적용을 통한 비시장적 의사결정 분야의 연구

3. 학자 : 오스트롬, 뷰캐넌, 털럭

[이해!] 공공부문을 경제학적으로 접근하여 경제학자들과 수학자들에 의해 공공선택론이 창시

[심화!] 공공선택이론의 주요 모형 - 티부의 가설(발에 의한 투표)

    가정 : 완전한 정보, 자유로운 이동, 다수의 지방정부, 외부효과 부존재 등

    내용 : 주민들의 자유로운 이동(= 발에 의한 투표)로 지방정부를 선택할 수 있어 지방공공재 공급의 적정규모를 결정한다.

[주의!] 공공선택이론의 주요 모형 - 니스카넨의 예산극대화 가설

    관료의 사익추구로 인해 예산극대화 경향으로 인한 정부팽창과 자원배분의 비효율성을 설명한다.

II. 신제도주의론

1. 개념
정치·행정 등 사회현상 연구에 있어 '제도'를 가장 중시하는 제도론으로서 제도의 범위를 규범, 규칙, 인간의 행위 등까지 포함하여 설명하려는 접근방법이다.

2. 특징
- 제도는 법률, 규범, 관습 등을 포함한다.
- 사람의 행태에 대한 연구에서 제도를 중요시한다.
- 정책 또는 행정환경을 외생변수가 아닌 내생변수로 다룬다.

3. 비교

구분	합리적 선택 신제도주의	역사적 신제도주의	사회학적 신제도주의
학문적 기초	경제학	정치학, 역사학	사회학, 문화학
제도	개인과 제도와의 상호작용의 결과	일단 형성되면 일정한 경로를 유지(경로의존성)하기 때문에 환경변화에 적응하지 못하는 점을 강조	국가나 조직의 경계를 넘어 유사한 형태로 수렴(제도적 동형화)
특징	• 개인들 간의 전략적 선택의 결과로 제도 변화가 가능하다. • 개인에 대한 가정에 기초한 미시적·연역적 방법에 주로 의존	• 각국 정책의 상이성과 효과를 역사적으로 형성된 각국의 제도에서 찾는다. • 특정 제도가 급격한 변화(ex. 쿠데타 등)에 의해 변화가 가능	• 제도에 관습과 문화도 포함 • 사회적 정당성에 의해 제도 변화가 가능 • 오스트롬(E. Ostrom)은 '공유재의 비극'의 해결 방안으로 공동체 중심의 자치 제도를 제시(공공선택론)

01

기출문제 8회

다음 내용과 밀접한 관련이 있는 이론은?

- 관료의 사익추구
- 예산극대화
- 지대추구행위
- 정치·행정 현상의 경제학적 분석

① 체제이론
② 거버넌스이론
③ 신행정학이론
④ 공공선택이론
⑤ 포스트모더니즘이론

정답 ④

02

기출문제 3회

공공선택이론에 관하여 설명한 것은?

① 행정현상을 자연·사회·문화적 환경과 관련시켜 이해하며 집행적 행위나 제도를 거시적 수준에서 분석한다.
② 공공서비스의 효율적 공급을 위해 공공부문의 시장경제화를 추구하며 정치적 및 행정현상에 경제학적 분석도구를 적용하여 설명한다.
③ 인간의 주관적 관념, 의식 및 동기의 의미를 이해하는 데에 초점을 맞추어 조직문제에 대한 폭넓은 사고방식과 준거의 틀을 정립한다.
④ 정책결정자가 대안들의 표면화된 가치를 비교할 수 없어 선택이 어려운 상황에서 행하는 의사결정 방법과 전략을 탐구한다.
⑤ 공공서비스 전달 및 공공문제 해결과정에서 정부와 민간부문 간의 협력적 네트워크를 적극 활용한다.

Point!

① 생태론·비교행정론은 행정현상을 자연·사회·문화적 환경과 관련시켜 이해하며 집행적 행위나 제도를 거시적 수준에서 분석한다.
③ 현상학은 인간의 주관적 관념, 의식 및 동기의 의미를 이해하는 데에 초점을 맞추어 조직문제에 대한 폭넓은 사고방식과 준거의 틀을 정립한다.
④ 정책딜레마모형은 정책결정자가 대안들의 표면화된 가치를 비교할 수 없어 선택이 어려운 상황에서 행하는 의사결정 방법과 전략을 탐구한다.
⑤ 거버넌스론·신공공서비스론은 공공서비스 전달 및 공공문제 해결과정에서 정부와 민간부문 간의 협력적 네트워크를 적극 활용한다.

정답 ②

03

기출문제 6회

다음 가정을 기본전제로 하는 이론은?

- 한 국가는 수많은 지방정부들로 구성되어 있다.
- 각 지방정부는 주민들의 의사에 따라 지출과 조세에 대한 의사결정을 할 수 있다.
- 개인들은 비용을 들이지 않고 자유롭게 지역 간 이주가 가능하다.

① 발에 의한 투표(voting with feet)
② 딜론의 원칙(Dillon's rule)
③ 보충성의 원칙(subsidiary principle)
④ 쿨리 독트린(Cooley doctrine)
⑤ 파킨슨 법칙(Parkinson's law)

Point!

티부가설, 발에 의한 투표에 관한 설명이다

주의 딜론의 원칙(Dillon's rule), 파킨슨 법칙(Parkinson's law)은 기출문제 5회에도 출제되었다.

정답 ①

04

기출문제 7회

신제도주의에 관한 설명으로 옳지 않은 것은?

① 사람의 행태에 대한 연구에서 제도를 중요시한다.
② 사회학적 제도주의는 제도의 범위에 관습과 문화도 포함한다.
③ 공공선택론은 합리적 선택 제도주의의 대표적 이론 중 하나이다.
④ 역사적 제도주의는 각국 정책의 상이성과 효과를 역사적으로 형성된 각국의 제도에서 찾는다.
⑤ 정책 또는 행정환경은 내생변수가 아닌 외생변수로 다룬다.

Point!

신제도주의는 정책 또는 행정환경을 외생변수가 아닌 내생변수로 다룬다.

정답 ⑤

05

행정현상에 대한 접근방법의 설명으로 옳은 것은?

① 행태론적 접근방법은 행정현상에 관한 이론의 맥락성과 상대성을 강조한다.
② 체제론적 접근방법은 현상의 전체성보다는 구성부분 사이의 일방적·선형적 인과관계를 강조한다.
③ 사회학적 신제도주의는 제도가 국가나 조직의 경계를 넘어 유사한 형태로 수렴된다고 본다.
④ 전통적인 법적·제도적 접근방법은 제도가 일단 형성되면 일정한 경로를 유지하기 때문에 환경변화에 적응하지 못하는 점을 강조한다.
⑤ 합리적 선택 신제도주의에서는 제도를 개인의 합리적 선택의 일방적 결정요인으로 간주한다.

Point!
① 행태론적 접근방법은 행정현상에 관한 이론의 보편성을 강조한다.
② 체제론적 접근방법은 현상의 전체성을 강조한다.
④ 역사적 신제도주의는 제도가 일단 형성되면 일정한 경로를 유지하기 때문에 환경변화에 적응하지 못하는 점을 강조한다.
⑤ 합리적 선택 신제도주의에서는 제도를 개인과의 상호작용의 결과로 본다.

정답 ③

06

신제도주의에 관한 설명으로 옳은 것은?

① 합리적 선택 제도주의는 개인의 표준화된 행동코드로서 제도의 준수를 통한 소속감을 강조한다.
② 역사적 제도주의는 서로 다른 국가들 사이의 제도가 유사해지는 현상을 설명하는데 유리하다.
③ 사회학적 제도주의는 동일한 상황에서 국가 간의 상이한 제도로 인해 서로 다른 정책이 채택되고 효과도 다르게 나타나는 현상을 강조한다.
④ 사회학적 제도주의는 개인에 대한 가정에 기초한 미시적·연역적 방법에 주로 의존한다.
⑤ 합리적 선택 제도주의의 연장선상에서 오스트롬(E. Ostrom)은 '공유재의 비극'의 해결 방안으로 공동체 중심의 자치제도를 제시한다.

Point!
① 사회학적 제도주의는 개인의 표준화된 행동코드로서 제도의 준수를 통한 소속감을 강조한다.
② 사회학적 제도주의는 서로 다른 국가들 사이의 제도가 유사해지는 현상을 설명하는데 유리하다.
③ 역사적 제도주의는 동일한 상황에서 국가 간의 상이한 제도로 인해 서로 다른 정책이 채택되고 효과도 다르게 나타나는 현상을 강조한다.
④ 합리적 선택 제도주의는 개인에 대한 가정에 기초한 미시적·연역적 방법에 주로 의존한다.

정답 ⑤

Topic 08 뉴거버넌스론, 신공공관리론, 신공공서비스론
행정학의 주요이론(4)

출제유형
1. 1970년대 정부실패 이후 신행정국가의 행정학의 주요 이론을 종합적으로 비교하면서 공부하여 헷갈리지 않도록 주의한다.
2. 신공공관리론(NPM), 뉴거버넌스론, 신공공서비스론(NPS)를 비교하면서 잘 정리한다.

Ⅰ. 신공공관리론(NPM : New Public Management)

1. 개념
1970년대 말 정부실패 이후 1980년대에 등장한 정부실패를 극복하기 위한 행정개혁운동(정부개혁론)

2. 특징
- 정부는 시민을 위해 정부서비스의 품질을 향상
- 자원배분의 투명성을 높이고 거래비용을 최소화
- 공공관리와 시민에 대한 공공서비스 공급의 효율화를 위해 시장기제를 도입, 정부의 기능 민간화(효율성 강조, 시장주의, 작은정부)
- 정부서비스 공급의 관리는 산출·성과지향적(기업가적 정부)
- 정부의 역할을 '노젓기'보다는 '방향잡기'로 규정
- 공익을 행정활동으로 생성되는 부산물로 간주

3. 오스본과 플래스트릭의 기업가 정부를 위한 '5C 전략'

핵심전략(목적)	• 공공조직의 목표를 대상 • 목표, 역할, 정책방향의 명료화추구
성과전략(유인체계)	• 업무유인의 개선을 위해 경쟁을 도입 • 성과관리 추진
고객전략(책임성)	• 정부조직의 책임을 대상 • 고객에 대한 정부의 책임확보 및 고객에 의한 선택의 확대 추구
통제전략(권한)	• 권력을 대상 • 분권화(집권화 ✕)를 추구
문화전략(문화)	• 조직문화를 대상 • 구성원의 가치, 규범, 태도, 기대를 바꾸려는 것

> **심화!** 오스본과 갬블러의 '기업가 정부' (전통적 관료제와 혼동주의!)
> 방향잡기(노젓기 X), 경쟁 도입(독점 X), 성과 지향적(투입 X), 고객 중심(관료 X), 참여와 팀워크(명령과 통제 X), 시장 메커니즘(행정 메커니즘 X)

II. 뉴거버넌스론

1. 특징

- 신공공관리론에 대한 비판으로 등장
- 뉴거버넌스에서 행정은 다양한 구성원(정부, 민간, 시장 등)의 협치와 네트워크
- 사회적 자본에 기초한 시민의 집단적 역량과 참여를 강조
- 뉴거버넌스 참여주체인 시민사회는 상호의존적 수평관계에 기초한 자율적 교환을 특징
- 현대사회의 난제(wicked problems) 해결을 위해 행정부서들 또는 기관들 사이의 협력을 강조
- 정부 내부의 관리보다는 외부 주체와의 관계를 강조
- 뉴거버넌스 이론은 시장실패가 아닌 정부실패를 바로잡기 위한 처방으로 간주된다.

2. 신공공관리론 vs 뉴거버넌스론

구 분	신공공관리론	뉴거버넌스론
인식론적 기초	신자유주의	공동체주의
관리가치	결과	신뢰
작동원리	경쟁(시장 매커니즘)	협력(민간-공동)
관료역할	공공기업가	조정자
서비스	민영화, 민간위탁	시민 및 기업의 참여를 통한 공동공급

3. 피터스(Peters)의 뉴거버넌스 모형

기존의 전통적 정부모형의 문제점을 해결하기 위해 4가지 대안적 모형(시장모형, 참여모형, 신축모형, 탈규제모형)을 제시하여 거버넌스를 설명

구 분	전통적 정부모형	시장모형	참여모형	신축(유연)모형	탈규제 (저통제)모형
기존 정부 문제점	전근대적 권위	정부독점	계층제	조직의 영속성	내부규제
구조개혁	관료제(계층제)	분권화	수평적 조직, 평면조직	가상조직	-
관리개혁	직업공무원제, 절차적 통제	성과급, 목표관리제	총체적 품질관리 (TQM), 팀제	가변적 인사관리, 임시조직	재량권 확대, 공직윤리 강조
정책결정 개혁	정치·행정 구분 (정치·행정이원론)	내부시장, 시장적 유인	협상, 협의	실험	기업가 정부
공익기준	안정성, 평등	저비용	참여, 협의	저비용, 조정	창의성, 활동주의

심화! 로즈(Rhodes)의 뉴거버넌스 : 신공공관리, 최소국가, 기업적 거버넌스, 좋은 거버넌스, 사회적 인공지능체계, 자기조직화 연결망(네트워크)

III. 신공공서비스론(NPS : New Public Service)

1. 특징
- 신공공관리론에 대한 비판으로 등장
- 정부는 시민에 대한 서비스 제공자
- 관료는 사회문제를 해결하는 과정에서 협상과 중재 기능을 담당
- 고객으로서의 주민보다는 공론의 장에 참여하는 시민으로서의 주민을 강조
- 공익은 공유가치에 대한 담론의 결과

    주의! 공익은 개인이익의 합 ✕

- 전략적으로 생각하고 민주적으로 행동

    주의! 민주적으로 생각하고 전략적으로 행동 ✕

2. 신공공관리론 vs 신공공서비스론

구 분	신공공관리론(NPM)	신공공서비스론(NPS)
대 상	고객	시민
정부역할	방향잡기	봉사, 서비스
관료역할	기업가	조정자
공 익	개인 이익의 합	공유가치에 대한 담론의 결과

심화! 탈신공공관리론 : 신공공관리론(NPM)의 한계에 대한 보완으로 정부의 재규제와 재집권화(조정)을 강조

01
기출문제 5회

다음에서 설명하는 피터스(Peters)의 거버넌스 정부개혁모형은?

> 정부관료제가 공공봉사 의지를 지닌 대규모의 헌신적인 구성원으로 구성되어 있다는 것을 전제하여, 정부의 내부규제가 제거되거나 축소되면 정부관료제가 훨씬 역동적이고 효율적으로 기능할 것이라고 가정한다.

① 시장모형(market model)
② 참여모형(participatory model)
③ 유연모형(flexible model)
④ 저통제모형(deregulation model)
⑤ 기업가적 모형(entrepreneurial model)

Point!
뉴거버넌스에서 피터스의 거버넌스모형이 중요하며, 시장·참여·신축(유연)·탈규제(저통제)모형을 구분하여 기억해야 한다.

정답 ④

02
기출문제 8회

신공공관리(New Public Management)에 관한 설명으로 옳지 않은 것은?

① 정부는 시민을 위해 정부서비스의 품질을 향상시켜야 한다.
② 자원배분의 투명성을 높이고 거래비용을 최소화해야 한다.
③ 정부의 기능을 민간화하고 지출을 팽창시켜야 한다.
④ 공공관리와 시민에 대한 공공서비스 공급의 효율화를 위해 시장기제를 도입해야 한다.
⑤ 정부서비스 공급의 관리는 산출·성과지향적이어야 한다.

Point!
정부의 기능을 민간화하지만 지출을 팽창시키지 않아야 한다.

정답 ③

03
기출문제 7회

오스본(D. Osborne)과 플래스트릭(P. Plastrik)의 '기업가 정부'를 만들기 위한 다섯가지 전략에 관한 설명으로 옳지 않은 것은?

① 핵심전략 : 공공조직의 목표를 대상으로 하고 목표, 역할, 정책방향의 명료화 추구
② 성과전략 : 업무유인의 개선을 위해 경쟁을 도입하고 성과관리 추진
③ 고객전략 : 정부조직의 책임을 대상으로 고객에 대한 정부의 책임확보 및 고객에 의한 선택의 확대 추구
④ 통제전략 : 권력을 대상으로 하고 집권화를 추구
⑤ 문화전략 : 조직문화를 대상으로 구성원의 가치, 규범, 태도 그리고 기대를 바꾸려는 것

Point!
오스본과 플래스트릭의 '5C 전략'을 정리해야한다.
④ 통제전략 : 권력을 대상으로 하고 분권화를 추구한다.

정답 ④

04

신공공서비스론에 관한 설명으로 옳은 것은?

① 행정의 민주성 보다는 시장논리에 따라 생산성이나 효율성을 강조한다.
② 관료는 사회문제를 해결하는 과정에서 협상과 중재 기능을 담당한다.
③ 공익을 행정활동으로 생성되는 부산물로 간주한다.
④ 기업가적 목표달성을 위한 광범위한 행정재량을 인정한다.
⑤ 상명하복하는 관료적 조직구조와 고객에 대한 규제와 통제를 선호한다.

> **Point!**
> ① 신공공관리론은 행정의 민주성 보다는 시장논리에 따라 생산성이나 효율성을 강조한다.
> ③ 신공공관리론은 공익을 행정활동으로 생성되는 부산물로 간주한다.
> ④ 신공공관리론은 기업가적 목표달성을 위한 광범위한 행정재량을 인정한다.
> ⑤ 전통적 행정이론은 상명하복하는 관료적 조직구조와 고객에 대한 규제와 통제를 선호한다.

정답 ②

05

신공공서비스론에 관한 설명으로 옳은 것은?

① 정부의 역할을 '노젓기'보다는 '방향잡기'로 규정한다.
② 관료는 사회문제를 해결하는 과정에서 협상과 중재 기능을 담당한다.
③ 공익을 행정활동으로 생성되는 부산물로 간주한다.
④ 정부관료제에 경쟁 원리를 도입하여 개혁할 것을 강조한다.
⑤ 기업가적 목표달성을 위하여 폭넓은 행정재량을 허용한다.

> **Point!**
> ① 신공공관리론은 정부의 역할을 '노젓기'보다는 '방향잡기'로 규정한다.
> ③ 신공공관리론은 공익을 행정활동으로 생성되는 부산물로 간주한다.
> ④ 신공공관리론은 정부관료제에 경쟁 원리를 도입하여 개혁할 것을 강조한다.
> ⑤ 신공공관리론은 기업가적 목표달성을 위하여 폭넓은 행정재량을 허용한다.
>
> **중요** 신공공서비스론의 설명으로 '관료는 사회문제를 해결하는 과정에서 협상과 중재 기능을 담당한다.'라는 문장이 정답 지문으로 중복 출제 (기출문제 7회, 9회)

정답 ②

06 기출문제 2회

신공공관리론과 뉴거버넌스론의 특징이 옳게 연결된 것을 모두 고른 것은?

	구 분	신공공관리론	뉴거버넌스론
ㄱ	인식론적 기초	신자유주의	공동체주의
ㄴ	관리가치	신뢰	결과
ㄷ	작동원리	경쟁	협력
ㄹ	관료역할	조정자	공공기업가
ㅁ	서비스	민영화, 민간위탁	시민 및 기업의 참여를 통한 공동공급

① ㄱ, ㄴ, ㄷ   ② ㄱ, ㄴ, ㄹ
③ ㄱ, ㄷ, ㅁ   ④ ㄴ, ㄹ, ㅁ
⑤ ㄷ, ㄹ, ㅁ

Point!

	구 분	신공공관리론	뉴거버넌스론
ㄱ	인식론적 기초	신자유주의	공동체주의
ㄴ	관리가치	결과	신뢰
ㄷ	작동원리	경쟁	협력
ㄹ	관료역할	공공기업가	조정자
ㅁ	서비스	민영화, 민간위탁	시민 및 기업의 참여를 통한 공동공급

정답 ③

07 기출문제 6회

행정개혁(행정혁신)의 관점에 관한 설명으로 옳은 것은?

① 신공공관리론은 사회적 자본에 기초한 시민의 집단적 역량과 참여를 강조한다.
② 뉴거버넌스 참여주체인 시민사회는 상호의존적 종속관계에 기초한 자율적 교환을 특징으로 한다.
③ 신공공서비스론은 고객으로서의 주민보다는 공론의 장에 참여하는 시민으로서의 주민을 강조한다.
④ 신공공관리론은 현대사회의 난제(wicked-problems) 해결을 위해 행정부서들 또는 기관들 사이의 협력을 강조한다.
⑤ 뉴거버넌스 이론은 정부실패가 아닌 시장실패를 바로잡기 위한 처방으로 간주된다.

Point!

① 뉴거버넌스는 사회적 자본에 기초한 시민의 집단적 역량과 참여를 강조한다.
② 뉴거버넌스 참여주체인 시민사회는 상호의존적 수평관계에 기초한 자율적 교환을 특징으로 한다.
④ 뉴거버넌스는 현대사회의 난제(wicked problems) 해결을 위해 행정부서들 또는 기관들 사이의 협력을 강조한다.
⑤ 뉴거버넌스 이론은 시장실패가 아닌 정부실패를 바로잡기 위한 처방으로 간주된다.

정답 ③

Topic 09 정책의의 및 정책유형

출제유형
1. 정책의 특징을 정리한다.
2. 정책의 유형을 학자별로(로위, 리플리와 프랭클린, 알몬드와 파우얼) 정리해서 암기해야 한다. 특히, 로위의 정책유형 분류가 가장 빈출된다.
3. 정책의 유형을 분류하여 개념과 예시를 잘 정리한다.

Ⅰ. 정책의 기초

1. 개념
공공 문제 해결과 공적목표달성을 위한 정치적·가치 배분적 과정이다.

2. 특징
- 정책은 정치적·행정적 과정이다
- 정책은 복잡·다양하고, 동태적 과정을 거친다.

  오답주의! 단순하고 정태적 과정 ✕

- 정책은 변동과 안정을 야기하기도 하며 사회의 이익을 조정·통합하기도 한다.
- 정책문제는 공공성이 강하다.
- 정책문제는 주관적, 정치적 성격이 강하다
- 정책문제는 상호의존적, 역사적 산물인 경우가 많다.

Ⅱ. 학자별 정책의 유형 분류

학 자	정책의 유형
로위(Lowi)	분배정책, 규제정책, 재분배정책, 구성정책
솔리스버리(Salisbury)	분배정책, 규제정책, 재분배정책, 자율규제정책
알몬드와 파우얼 (Almond & Powell)	분배정책, 규제정책, 상징정책, 추출정책
리플리와 프랭클린 (Ripley & Franklin)	분배정책, 재분배정책, 경쟁적 규제정책, 보호적 규제정책

> **암기!** 로위(Lowi) : 분, 규, 재, 구 (두문자)
> 알몬드와 파우얼 : 알, 배, 규, 상, 추 (두문자)
>
> **중요!** 리플리와 프랭클린(R. B. Ripley & G. A. Franklin)은 정책유형이 달라짐에 따라 정책형성과정과 정책집행과정도 달라진다고 주장

Ⅲ. 정책의 유형의 의미 및 사례

1. 분배(배분)정책
공공서비스의 배분·공급하는 정책
ex. 국공립학교를 통한 교육서비스 제공, 보조금 지급 등

2. 재분배정책
소득재배분(소득이전)으로 계급 대립적 성격으로 갈등발생 가능성
ex. 사회보장제도, 누진소득세 제도 등

3. 상징정책
정치체제의 정당성 및 신뢰성을 증진시키기 위해 이미지나 상징에 관련된 정책
ex. 올림픽 등 국제행사의 유치 및 개회, 국경일의 제정 및 준수, 축제 등

4. 구성정책
정부기구의 구조나 운영에 관련된 정책
ex. 선거구의 통폐합, 정부기관의 신설 등

5. 추출정책
국민으로부터 인적·물적 자원을 확보하는 정책
ex. 조세 부과 및 징병, 부담금 등

6. 규제정책
개인 또는 집단의 행동을 제한하거나 의무를 부과하는 정책

1) **경쟁적 규제** : 특정 개인이나 집단에게 특정 권리나 서비스를 제공하는 것에 관련된 정책
   ex. TV 방송권 부여, 면허증 부여, 항공회사의 노선운항권 부여 등

2) **보호적 규제** : 다수를 보호하기 위해 소수를 규제하는 정책
   ex. 독과점규제, 최저임금제 등

01
기출문제 8회

로위(T. Lowi)의 정책유형에 해당하는 것을 모두 고른 것은?

ㄱ. 분배정책	ㄴ. 규제정책
ㄷ. 보호적 규제정책	ㄹ. 자율규제정책
ㅁ. 재분배정책	ㅂ. 구성정책

① ㄱ, ㄴ, ㄷ, ㄹ
② ㄱ, ㄴ, ㅁ, ㅂ
③ ㄱ, ㄹ, ㅁ, ㅂ
④ ㄴ, ㄷ, ㄹ, ㅁ
⑤ ㄷ, ㄹ, ㅁ, ㅂ

Point!
로위(Lowi)의 정책유형은 분배정책, 규제정책, 재분배정책, 구성정책이다.

정답 ②

02
기출문제 1회

리플리와 프랭클린(R. B. Ripley & G. A. Franklin)은 정책유형이 달라짐에 따라 정책형성과정과 정책집행과정도 달라진다고 주장한다. 다음은 그들이 제시한 정책유형 중 어떤 정책에 관한 설명인가?

정부가 특정 전문지식과 자격을 갖춘 몇몇 개인이나 기업(집단)에게 특정한 기간 동안 사업을 할 수 있도록 허용하되 일정한 기간 후에는 자격조건을 재심사하도록 함으로써 경쟁력을 높이고, 공익을 위해서 서비스 제공에 대한 규정을 지키도록 하는 것이다.

① 경쟁적 규제정책
② 상징정책
③ 보호적 규제정책
④ 분배정책
⑤ 재분배정책

Point!
리플리와 프랭클린의 정책유형은 분배정책, 재분배정책, 경쟁적 규제정책, 보호적 규제정책이다.
경쟁적 규제정책 : TV 방송권 부여, 면허증 부여, 항공회사의 노선운항권 부여 등

정답 ①

03
기출문제 6회

정책유형에 관한 설명으로 옳은 것은?

① 리플리와 프랭클린(R. Ripley & G. Fraklin)의 경쟁적 규제정책은 배분정책과 규제정책의 성격을 동시에 지니고 있다.
② 리플리와 프랭클린(R. Ripley & G. Franklin)의 보호적 규제정책은 소수를 보호하기 위해 다수를 규제하는 정책이다.
③ 로위(T. Lowi)가 주장하는 배분정책의 가장 큰 특징은 계급 대립의 성격을 지닌다는 것이다.
④ 로위(T. Lowi)의 재분배정책은 수혜자와 비용부담자 간의 갈등이 없다는 점이 특징이다.
⑤ 알몬드와 파우얼(G. Almond & B. Powell)은 정책을 배분, 규제, 재분배, 구성정책으로 분류하였다.

Point!
② 리플리와 프랭클린(R. Ripley & G. Franklin)의 보호적 규제정책은 다수를 보호하기 위해 소수를 규제하는 정책이다.
③ 로위(Lowi)의 재분배정책은 계급 대립의 성격을 지닌다.
④ 로위(Lowi)의 재분배정책은 수혜자와 비용부담자 간의 갈등이 존재한다.
⑤ 로위(Lowi)는 정책을 배분, 규제, 재분배, 구성정책으로 분류하였다.

정답 ①

04
기출문제 4회

다음 정책유형 중 상징정책에 해당하는 것을 모두 고른 것은?

> ㄱ. 선거구의 통폐합
> ㄴ. 올림픽 등 국제행사의 유치 및 개최
> ㄷ. 국경일의 제정 및 준수
> ㄹ. 국공립학교를 통한 교육서비스 제공
> ㅁ. 조세 부과 및 징병

① ㄴ, ㄷ
② ㄷ, ㄹ
③ ㄱ, ㄴ, ㄹ
④ ㄱ, ㄷ, ㄹ
⑤ ㄴ, ㄷ, ㅁ

Point! 정책유형별 사례
- 상징정책 : 올림픽 등 국제행사의 유치 및 개회, 국경일의 제정 및 준수, 축제 등
- 구성정책 : 선거구의 통폐합, 정부기관의 신설 등
- 분배정책 : 국공립학교를 통한 교육서비스 제공, 보조금 지급 등
- 추출정책 : 조세 부과 및 징병, 부담금 등

정답 ①

05
기출문제 8회

정책의 기능과 유형에 관한 설명으로 옳지 않은 것은?

① 정책은 정치적·행정적 과정으로서 단순하고 정태적 과정을 거친다.
② 정책 자체가 하나의 행동노선을 담고 있기 때문에 그에 관련된 개인들의 행동을 위한 지침역할을 한다.
③ 정책은 변동과 안정을 야기하기도 하며 사회의 이익을 조정·통합하기도 한다.
④ 리플리와 프랭클린(R. Ripley & G. Fran-klin)의 경쟁적 규제정책은 배분정책과 규제정책의 성격을 동시에 지니고 있다.
⑤ 국경일 제정, 국기 게양 등은 국민적 통합을 위하여 정치적인 목적으로 사용하는 상징정책의 예이다.

Point!
오답주의! ① 정책은 정치적·행정적 과정으로서 복잡하고 동태적 과정을 거친다.

중요! 리플리와 프랭클린(R. Ripley & G. Franklin)의 경쟁적 규제정책은 배분정책과 규제정책의 성격을 동시에 지니고 있다. → 옳은 지문(정답, 보기 지문)으로 중복 출제(기출문제 6회, 8회)

중요! 정책문제는 정태적 성격이 아닌 동태적 성격이 강하다. 정답지문으로 중복 출제 (기출문제 1회, 8회)

정답 ①

Topic 10 정책과정 및 정책의제설정

> **출제유형**
> 1. 정책과정의 참여자 중 공식적 참여자 vs 비공식적 참여자를 비교하여 암기한다.
> 2. 정책네트워크 모형의 특징을 정리한다.
> 3. 콥과 로스의 정책의제설정 모형을 분석하여 정리한다.

Ⅰ. 정책과정의 참여자

1. 공식적 참여자 : 국무총리, 대통령, 부처장관, 행정기관과 관료 등

2. 비공식적 참여자 : 정당, 이익집단, 전문가집단, 시민단체, 여론, 언론 등

> **중요!** 공식적 참여자는 '정부'로 이해하고 비공식적 참여자는 '정부X'로 구분한다

Ⅱ. 정책네트워크모형

1. 정책네트워크 의의

- 정책과정에 참여하는 다양한 참여자들 간의 상호작용
- 기존의 국가중심 또는 사회중심의 이분법적 논리 극복을 위해 등장
- 자원의존성을 토대로 한 행위자들 간의 교환관계를 중시

2. 정책네트워크모형

1) 철의 삼각 모형(하위정부 모형)
   - 관료(행정기관), 의회 소관 위원회(선출직 의원), 이익집단이 삼각형(triangle)의 동맹을 형성
   - 하위정부의 경계가 단순하고 분명하게 정의됨
   - 가장 제한적인 형태로 안정적이고 폐쇄적인 특징

2) 이슈네트워크
   - 다수의 참여자가 존재, 개방적이고 유동적인 네트워크로서의 특징
   - 행위자들 간의 권력배분이 불평등, 갈등적인 성격
   - 이슈네트워크의 경계는 모호함, 불안정적인 특징

3) 정책공동체
- 제한된 참여자(전문가 등)의 집단으로 구성
- 참여가 제한적이고 안정적

> **주의!** 정책네트워크 모형 3가지의 특징에서 참여자와 특징을 잘 정리한다.

III. 콥과 로스(Cobb & Ross)의 정책의제설정 모형

1. 외부주도형
- 다원화되고 민주화된 선진국 정치체제에서 많이 나타남
- 순서 : 정부 바깥에 있는 집단이 사회문제를 정부가 해결해 줄 것을 요구하며 정부의제로 채택하도록 함

> **중요!** ①사회문제 → ②사회적 이슈 → ③공중의제 → ④정부의제 순으로 전개(외부 → 내부)

> **심화!** 공중의제 : 사회문제 또는 사회적 쟁점이 한 단계 더 나아가 일반 공중의 주목을 받게 된 의제

> **심화!** 정부의제 : 정부가 공식적으로 해결하기로 결정한 문제, 위기나 재난 등 극적 사건은 사회문제를 정부의제화 시키는 점화장치에 해당

2. 동원형
- 정부의 힘이 강하고 민간부문이 취약한 후진국에서 많이 나타나는 유형 또는 선진국에서도 정치지도자가 특정한 사회문제 해결을 주도하는 경우에 나타남
- 순서 : 고위 의사결정자 등에 의해 정부의제가 먼저 설정되고 정책순응을 확보하기 위해 다각적인 홍보 등을 거쳐 최종적으로 정책의제로 채택

> **중요!** 사회문제가 정부의제로 먼저 채택 → 정부의 의도적인 노력에 의해서 공중의제로 확산되는 경우

> **중요!** ①사회문제 → ②정부의제 → ③공중의제 순으로 전개〈내부 → 외부(행정 PR)〉

3. 내부접근형(= 내부주도형, 음모형)
- 선진국의 경우, 국방, 외교 등 비밀 유지가 필요한 분야의 정책, 또는 강한 반대가 예상됨에도 불구하고 반드시 추진하려는 정책 등에서 나타남 (권력집중형 국가)
- 공중의제화를 억제하기 때문에 일종의 음모형에 해당

> **중요!** ①사회문제 → ②정부의제 순으로 전개〈내부 → 내부(공중의제화 X)〉

01
기출문제 1회

중앙정부의 정책과정 참여자 중 비공식 참여자로만 묶인 것은?

ㄱ. 정당	ㄴ. 국무총리
ㄷ. 대통령	ㄹ. 이익집단
ㅁ. 전문가집단	ㅂ. 시민단체
ㅅ. 언론	ㅇ. 부처장관

① ㄱ, ㄴ, ㄷ, ㅁ, ㅂ
② ㄱ, ㄷ, ㄹ, ㅂ, ㅇ
③ ㄱ, ㄹ, ㅁ, ㅂ, ㅅ
④ ㄴ, ㄷ, ㄹ, ㅁ, ㅇ
⑤ ㄴ, ㄷ, ㄹ, ㅅ, ㅇ

Point!
- 공식적 참여자 : 국무총리, 대통령, 부처장관, 행정기관과 관료, 사법부 등
- 비공식적 참여자 : 정당, 이익집단, 전문가집단, 시민단체, 언론 등

정답 ③

02
기출문제 3회

철의 삼각(iron triangle)모형에서 동맹을 형성하는 집단을 모두 고른 것은?

ㄱ. 언론매체	ㄴ. 이익집단
ㄷ. 정당	ㄹ. 행정기관
ㅁ. 의회 소관 위원회	

① ㄱ, ㄴ, ㄷ
② ㄱ, ㄴ, ㅁ
③ ㄴ, ㄷ, ㄹ
④ ㄴ, ㄹ, ㅁ
⑤ ㄷ, ㄹ, ㅁ

Point!
철의 삼각 모형(하위정부 모형) : 관료(행정기관), 의회 소관 위원회(선출직 의원), 이익집단이 삼각형(triangle)의 동맹을 형성

정답 ④

03
기출문제 6회

정책네트워크모형에 관한 설명으로 옳지 않은 것은?

① 자원의존성을 토대로 한 행위자들 간의 교환관계를 중시한다.
② 정책공동체는 이슈네트워크에 비해 개방적이고 유동적인 네트워크로서의 특징을 지닌다.
③ 단순하고 분명하게 정의된 하위정부의 경계와는 달리 이슈네트워크의 경계는 모호하다.
④ 하위정부 모형에서는 소수의 엘리트 행위자들이 특정 정책영역에서 정책결정을 지배하고 있다고 설명한다.
⑤ 이슈네트워크에서는 행위자들 간의 권력배분이 불평등하다.

Point!
이슈네트워크가 정책공동체에 비해 개방적이고 유동적인 네트워크로서의 특징을 지닌다.

정답 ②

04
기출문제 5회

콥과 로스(Cobb & Ross)가 제시한 정책의제설정 모형에 관한 내용으로 옳지 않은 것은?

① 외부주도형은 다원화되고 민주화된 선진국 정치체제에서 많이 나타나는 유형이다.
② 내부접근형은 고위 의사결정자 등에 의해 정부의제가 먼저 설정되고 정책순응을 확보하기 위해 다각적인 홍보 등을 거쳐 최종적으로 정책의제로 채택되는 유형이다.
③ 외부주도형은 정부 바깥에 있는 집단이 사회문제를 정부가 해결해 줄 것을 요구하며 정부의제로 채택하도록 하는 유형이다.
④ 내부접근형은 국방, 외교 등 비밀 유지가 필요한 분야의 정책, 또는 강한 반대가 예상됨에도 불구하고 반드시 추진하려는 정책 등에서 찾아볼 수 있다.
⑤ 동원형은 정부의 힘이 강하고 민간부문이 취약한 후진국에서 많이 나타나는 유형이나, 선진국에서도 정치지도자가 특정한 사회문제 해결을 주도하는 경우에 나타난다.

Point!

동원형은 고위 의사결정자 등에 의해 정부의제가 먼저 설정되고 정책순응을 확보하기 위해 다각적인 홍보 등을 거쳐 최종적으로 정책의제로 채택되는 유형이다.

정답 ②

05
기출문제 9회

정책의제설정에 관한 설명으로 옳지 않은 것은?

① 공중의제는 사회문제 혹은 사회적 쟁점이 한 단계 더 나아가 일반 공중의 주목을 받게 된 의제를 말한다.
② 외부주도형은 공중의제화를 억제하기 때문에 일종의 음모형에 해당한다.
③ 동원형은 사회문제가 정부의제로 먼저 채택되고, 정부의 의도적인 노력에 의해서 공중의제로 확산되는 경우를 말한다.
④ 내부접근형은 선진국의 경우, 특수 이익집단이 비밀리에 정부의 혜택을 보려는 외교·국방정책 등에서 주로 나타난다.
⑤ 위기나 재난 등 극적 사건은 사회문제를 정부의제화 시키는 점화장치에 해당된다.

Point!

내부접근형은 공중의제화를 억제하기 때문에 일종의 음모형에 해당한다.

정답 ②

Topic 11 정책분석 및 정책결정

> **출제유형**
> 1. 정책분석에서 정책대안의 결과예측기법에 대해 구분하여 정리한다.
>   특히, 델파이 기법에서 전통적 델파이 vs 정책 델파이를 비교하여 숙지한다.
> 2. 정책결정에서 개인적 차원과 집단적 차원의 정책결정모형을 잘 정리하여 암기한다.

Ⅰ. 정책분석

정책 대안(정책 목표를 달성하기 위한 정책 수단)에 대한 비교, 평가하는 것

Ⅱ. 정책대안의 미래 예측기법

1. 〈심화〉 미래 예측기법 유형

유 형	개 념	관련 기법
투사(Project)	시계열적 예측, 양적 모형	시계열분석, 이동평균법 등
예견(Predict)	이론적 예측, 양적 모형	시뮬레이션, 투입산출분석, 회귀분석 등
추측(Conjecture)	주관적 예측, 질적 모형	전통적델파이, 정책델파이, 브레인스토밍, 실현가능성분석, 교차영향분석 등

2. 주요 미래 예측기법

1) 델파이 기법 (전통적 델파이 vs 정책델파이)

> **주의** 전통적 델파이 vs 정책델파이를 비교하여 정리한다.

구 분	전통적 델파이	정책델파이
개 념	일반문제에 대한 예측	정책문제에 대한 예측
익 명	완전한 익명	선택적 익명
응답자	일반전문가	식견 있는 다수의 참여(이해관계자 등)
통 계	일반적인 통계처리	양극화된 통계처리
합 의	합의 도출유도	구조화된 갈등유도

2) 교차영향분석

관련된 사건의 발생 확률이 미래 다른 사건에 발생 가능성에 대한 전제 하에 조건 확률을 이용하여 상호관련성을 판단하고 미래를 예측하는 분석기법이다.

3) 실현가능성분석
   정책으로 채택될 가능성과, 정책의 집행가능성에 영향을 미치는 이해관계자들의 영향을 주관적으로 예측하는 분석기법이다.

4) 시계열분석기법
   과거의 변동 추이를 시간적으로 분석하여 미래의 결과를 예측하는 분석기법이다.

5) 시뮬레이션
   미래에 발생할 수 있는 사건 문제를 예측하기 위하여 복잡한 현실에 유사한 가상적인 모의실험장치를 만들어(실제 체제를 모방한 모형을 활용) 실험하고 그 결과를 이용하여 실제 현상의 특성을 예측하는 분석기법이다.

III. 정책결정모형

1. 개인적 차원의 정책결정모형

1) 합리모형
   - 의사결정자가 정책결정에 있어서 주관적이고 감정적인 요소를 배제하고 합리성에 근거하여 정책을 결정한다.
   - 경제적 합리성

2) 점증모형
   - 정치적 다원주의 입장에서 이해관계자들의 타협과 조정을 통해 정책결정이 이루어진다.
   - 경제적 합리성보다 정치적 합리성을 중요시한다.(cf. 합리모형 - 경제적합리성)
   - 계속적·점진적인 방식으로 당면한 정책 문제를 해결하고자 한다.
   - 정책의 정치적 실현가능성을 높여 주는 장점이 있다.
   - 현재 정책에 대한 약간의 변화만을 고려해 정책을 결정하고 시간이 흐름에 따라 환류되는 정보를 분석하여 지속적으로 수정하는 것이다.
   - 실제의 결정상황에 기초한 현실적이고 기술적인 모형이다.

3) 만족모형
   사이몬(Simon)은 결정자의 인지능력의 한계, 상황의 불확실성 및 시간의 제약 때문에 제한적 합리성하에서 결정이 이루어진다고 주장한다.

4) 혼합주사모형 : 합리 + 점증
   에치오니(Etzioni)는 규범적이지만 비현실적인 합리모형과 현실적이지만 보수적인 점증모형을 절충한 모형을 제시하였다.

5) 최적모형
- 학자 : 드로어(Y.Dror)
- 정책결정자의 직관이나 판단력, 창의력 등 초합리적인 요소를 중시하는 규범적·처방적 모형이다.

2. 집단적 차원의 정책결정모형

1) 회사모형
- 서로 다른 목표를 가진 하부부서들의 연합체로 제한된 합리성을 추구한다.(만족모형)
- 특징 : 갈등의 준해결, 불확실성의 회피, 문제 중심의 탐색, 조직의 학습, 표준운영절차(SOP)

2) 쓰레기통모형
- 학자 : 코헨(M. Cohen), 마치(J. March), 올슨(J. Olson)
- 쓰레기통모형에서 가정하는 상황은 불확실성과 혼란이 심한 상태이다.
- 조직화된 무정부상태(organized anarchy)에서 이루어지는 의사결정을 설명한다.
- 상·하위 계층적 관계를 지니지 않은 참여자들에 의하여 의사결정이 이루어지는 경우에도 적용할 수 있다.
- 의사결정의 네 가지 요소인 ①정책문제, ②해결방안, ③참여자, ④선택기회가 독자적으로 흘러다니다가 우연한 계기로 의사결정이 이루어지는 과정이다.

> 오답주의 독자적 (상호의존 ✗)

3) 사이버네틱스모형
- 정책결정과정에서 변수의 단순화를 통해서 불확실성을 통제한다.
- 사전에 설정된 표준운영절차(SOP)의 중요성이 강조된다.
- 주요 변수의 유지를 위한 적응에 초점을 둔다.
- 의사결정자는 처리할 수 없는 문제에 직면할 경우 표준운영절차(SOP)를 수정·변경·추가하면서 문제를 해결한다.
- 무목적적이나 적응적인 의사결정 모형이다.

4) 앨리슨모형
- 1960년대 초 쿠바 미사일 위기에 따른 미국 정부의 정책결정 과정을 설명하기 위해서 고안되었다.
- 정책결정 과정을 세 가지 의사결정모형(합리모형, 조직과정모형 및 관료정치모형)으로 분류하고 있다.

01
기출문제 9회

다음 내용과 밀접한 관련이 있는 정책대안의 미래 예측 기법은?

- 선택적 익명
- 식견 있는 다수의 참여
- 양극화된 통계처리
- 구조화된 갈등유도

① 시계열분석기법 ② 시뮬레이션
③ 정책델파이 ④ 교차영향분석
⑤ 실현가능성분석

Point!

델파이기법에서 정책 델파이에 관한 내용이다.

주의! 전통적 델파이 vs 정책델파이를 비교하여 정리한다.

구 분	전통적 델파이	정책델파이
개 념	일반문제에 대한 예측	정책문제에 대한 예측
익 명	완전한 익명	선택적 익명
응답자	일반전문가	식견 있는 다수의 참여 (이해관계자 등)
통 계	일반적인 통계처리	양극화된 통계처리
합 의	합의 도출유도	구조화된 갈등유도

정답 ③

02
기출문제 4회

점증주의 정책결정모형에 관한 설명으로 옳지 않은 것은?

① 정치적 다원주의 입장에서 이해관계자들의 타협과 조정을 통해 정책결정이 이루어진다.
② 경제적 합리성보다 정치적 합리성을 중요시한다.
③ 계속적·점진적인 방식으로 당면한 정책 문제를 해결하고자 한다.
④ 정책의 정치적 실현가능성을 높여 주는 장점이 있다.
⑤ 정책결정자의 직관이나 판단력, 창의력 등 초합리적인 요소를 중시하는 규범적·처방적 모형이다.

Point!

드로어(Y.Dror)의 최적모형은 정책결정자의 직관이나 판단력, 창의력 등 초합리적인 요소를 중시하는 규범적·처방적 모형이다.

정답 ⑤

03 기출문제 2회

정책결정모형에 관한 설명으로 옳지 않은 것은?

① 합리모형에서는 의사결정자가 정책결정에 있어서 주관적이고 감정적인 요소를 배제하고 합리성에 근거하여 정책을 결정한다.
② 점증모형은 현재 정책에 대한 약간의 변화만을 고려해 정책을 결정하고 시간이 흐름에 따라 환류되는 정보를 분석하여 지속적으로 수정하는 것이다.
③ 쓰레기통모형은 쿠바 미사일 위기에 따른 미국 정부의 정책결정 과정을 설명하기 위해서 고안되었다.
④ 공공선택모형에서는 정부를 공공재의 생산자로, 시민들을 공공재의 소비자로 규정한다.
⑤ 앨리슨모형은 정책결정 과정을 합리모형, 조직과정모형 및 관료정치모형 등으로 분류하고 있다.

Point!

앨리슨 모형은 쿠바 미사일 위기에 따른 미국 정부의 정책결정 과정을 설명하기 위해서 고안되었다.

정답 ③

04 기출문제 5회

정책결정모형에 관한 설명으로 옳지 않은 것은?

① 에치오니(Etzioni)는 규범적이지만 비현실적인 합리모형과 현실적이지만 보수적인 점증모형을 절충한 모형을 제시하였다.
② 사이몬(Simon)은 결정자의 인지능력의 한계, 상황의 불확실성 및 시간의 제약 때문에 제한적 합리성하에서 결정이 이루어진다고 주장한다.
③ 합리모형에서 말하는 합리성은 정치적 합리성이다.
④ 쓰레기통모형에서 가정하는 상황은 불확실성과 혼란이 심한 상태이다.
⑤ 점증모형은 실제의 결정상황에 기초한 현실적이고 기술적인 모형이다.

Point!

점증모형에서 말하는 합리성은 정치적 합리성이다.
합리모형에서 말하는 합리성은 경제적 합리성이다.

① 에치오니(Etzioni)는 규범적이지만 비현실적인 합리모형과 현실적이지만 보수적인 점증모형을 절충한 모형을 제시하였다. → 혼합주사모형
② 사이몬(Simon)은 결정자의 인지능력의 한계, 상황의 불확실성 및 시간의 제약 때문에 제한적 합리성하에서 결정이 이루어진다고 주장한다. → 만족모형

정답 ③

05
기출문제 3회

정책결정모형의 하나인 쓰레기통모형(garbage can model)에 관한 설명으로 옳지 않은 것은?

① 조직화된 무정부상태(organized anarchy)에서 이루어지는 의사결정을 설명한다.
② 코헨(M. Cohen), 마치(J. March), 올슨(J. Olson)이 정립한 모형이다.
③ 의사결정의 네 가지 요소인 정책문제, 해결방안, 참여자, 선택기회가 초기부터 서로 강한 상호작용을 통하여 나타나는 의사결정이다.
④ 고도로 불확실한 조직상황에서 이루어지는 의사결정과정을 기술하고 설명하는 모형이다.
⑤ 상·하위 계층적 관계를 지니지 않은 참여자들에 의하여 의사결정이 이루어지는 경우에도 적용할 수 있다.

Point!

쓰레기통모형에서 의사결정의 네 가지 요소인 ①정책문제 ②해결방안 ③참여자 ④선택기회가 독자적으로 흘러다니다가 우연한 계기로 의사결정이 이루어지는 과정이다.

오답주의! 독자적 (상호의존 ✗)

정답 ③

06
기출문제 7회

정책결정에 있어서 사이버네틱스 모형에 관한 설명으로 옳지 않은 것은?

① 정책결정과정에서 변수의 단순화를 통해서 불확실성을 통제한다.
② 사전에 설정된 표준운영절차(SOP)의 중요성이 강조된다.
③ 주요 변수의 유지를 위한 적응에 초점을 둔다.
④ 사전에 설정된 고차원 목표의 극대화를 추구한다.
⑤ 의사결정자는 처리할 수 없는 문제에 직면할 경우 표준운영절차(SOP)를 수정·변경·추가하면서 문제를 해결한다.

Point!

사이버네틱스 모형은 사전에 설정된 고차원의 목표의 극대화를 추구하는 것이 아닌, 무목적적(無目的的)이며 적응적인 의사결정 모형이다.

정답 ④

Topic 12 정책집행 및 정책평가

> **출제유형**
> 1. 정책집행의 연구방법으로 상향적 접근 vs 하향적 접근방법을 비교하여 정리한다.
> 2. 정책평가의 유형으로 형성평가 vs 총괄평가를 구분한다.
> 3. 정책평가의 방법으로 크게 비실험적 방법 vs 실험적 방법으로 구분한다.
>   특히, 실험적 방법에서 진실험 vs 준실험을 비교한다.
> 4. 정책변동의 이론적 모형을 암기한다.

Ⅰ. 정책집행의 연구방법(상향적 접근 vs 하향적 접근)

1. 상향적 접근방법(bottom-up, 아래→위)

1) 특징
 - 집행에 영향을 주는 집행관료와 이해관계집단 등 다양한 행위자들의 생각과 상호작용을 현장감 있게 분석할 수 있다.
 - 정책목표보다는 집행문제의 해결에 초점을 맞춘다.
 - 의도하지 않았던 정책의 효과를 분석할 수 있다.
 - 정책집행과정에 대해 정확하게 이해하기 위해서 일선집행관료와 대상 집단의 행태를 고찰한다.

2) 단점
 - 일선집행관료들이 쉽게 느끼지 못하는 사회적, 경제적, 법적 요인들이 경시되기 쉽다.
 - 선거직 공무원에 의한 정책결정과 책임이라는 민주주의의 기본가치의 위배 가능성이 있다.

2. 하향적 접근방법(top-down, 위→아래)

1) 개념
 정책집행을 정책결정과정에서 채택된 정책목표를 달성하는 과정으로 본다.

2) 특징
 - 정책결정단계에서 주된 역할을 하는 참여자와 정책내용을 중시
 - 바람직한 정책집행이 일어날 수 있는 규범적 처방을 정책결정자에게 제시해주는데 관심을 갖는다.

- 유능하고 헌신적인 관료가 집행을 담당하여야 효과적인 정책집행이 가능하다고 한다.
- 효과적인 정책집행을 위하여 조직화된 이익집단, 강력한 리더십 등이 있어야 한다고 한다.

> **심화!** 정책집행유형(by. 나카무라와 스몰우드(Nakamura & Smallwood))의 개념 : 정책집행에서 정책결정자와 정책집행자의 역할관계를 유형화

> **심화!** 정책집행의 유형

구 분	정책결정자	정책집행자
1) 고전적 기술관료형	정책목표설정+세부 정책 내용	아주 제한된 재량권
2) 지시적 위임형	정책목표설정	충만한 재량권
3) 협상형	정책목표설정	정책목표와 수단을 결정자와 협상
4) 재량적 실험가형	추상적 목표설정(구체적 X)	광범위한 재량권
5) 관료적 기업가형	형식적 결정, 실질적 집행자가 설정한 목표 지지	정책과정을 통제·지배

Ⅱ. 정책평가의 유형(평가 시기에 따른 분류)

1. 평가 시기에 따른 분류

1) 형성평가
- <u>정책이 집행되는 도중</u>에 정책집행이 형성되는 과정에서 진행되는 평가
- 과정평가, 진행평가
- 정책 집행 과정에서 문제해결이 목적

2) 총괄평가
- <u>정책이 집행된 후</u>에 정책집행이 이루어지는 과정을 평가하는 활동
- 사후평가, 효과평가
- 정책 집행 후 목적 달성 여부를 판단, 효과성 평가

2. 평가성 검토(평가성 사정)

본격적인 평가를 시작하기 전에 실시하는 것으로 일종의 예비평가라고 볼 수 있다.

Ⅲ. 정책 평가의 타당성 및 신뢰도

1. 타당성

1) <u>외적 타당성</u> : 정책변수의 효과에 대한 결론을 일반화시킬 수 있는 범위를 의미한다.
2) <u>내적 타당성</u> : 정책 수단과 결과의 인과관계에 관한 추론의 정확성을 의미한다.
3) <u>구성적 타당성</u> : 연구에 사용된 측정도구가 이론적 구성개념과 일치 하는 정도를 의미한다.
4) <u>통계적 결론의 타당성</u> : 연구설계의 정밀성을 통해 추정된 원인과 결과 사이에 관한 정확도를 의미한다.

2. 내적 타당성 저해 요인

- 성숙요인(성장요인) : 시간 경과에 따라 나타나는 변화
- 선정요인(선발요인) : 실험집단과 통제집단 구성시 선발의 차이로 인해 나타나는 오류
- 역사요인 : 외부에서 발생한 역사적인 사건이 영향을 미치는 것
- 측정요인(검사요인) : 실험 전 측정한 사실 그 자체가 실험에 영향을 미치는 것

3. 신뢰도
동일한 측정도구를 반복해서 사용했을 때 동일한 결과를 얻을 확률을 의미한다.

Ⅳ. 정책 평가의 방법

1. **비실험적 방법** : 실험집단만(통제집단 구성 X)을 구성하여 정책 평가
2. **실험적 방법** : 실험집단과 통제집단을 구성하여 정책 평가

> **중요** 실험적 방법에서 진실험과 준실험을 비교하여 정리한다.

정책평가의 방법		실험집단과 통제집단	내적타당성	외적타당성	실행가능성
실험	진실험	동질성 확보 ○	높음	낮음	낮음
	준실험	동질성 확보 X	중간	중간	중간
비실험		-	낮음	높음	높음

V. 정책변동의 이론적 모형

1. 정책지지연합모형
신념체계에서 규범적 핵심이나 정책 핵심의 변화가 쉽게 나타나지 않기 때문에 정책목표와 수단에 급격한 변화를 가져오는 근본적 정책변동은 용이하지 않으며, 장기간에 걸쳐 정책이 변동

2. 정책패러다임변동모형
정책의 패러다임의 변화에 의해서 근본적인 정책변동이 가능

3. 이익집단 위상변동모형
이익집단의 사적이익과 공적 이익 간의 선택으로 정책이 결정되며, 이익집단의 위상에 따라 정책변동이 가능

4. 정책흐름모형
정치의 흐름, 정책의 흐름, 문제의 흐름 등 세 가지 흐름의 연계를 통해 정책변동의 창구가 열려 정책이 변동

5. 단절균형모형
정책이 급격히 변동되는 이유를 설명하는데 유용, 정책이 변동되어 단절된 이후에 균형 상태를 유지

01
기출문제 3회

정책집행에서 상향적 접근방법에 관한 설명으로 옳지 않은 것은?

① 정책목표보다는 집행문제의 해결에 초점을 맞춘다.
② 의도하지 않았던 정책의 효과를 분석할 수 있다.
③ 정책집행과정에 대해 정확하게 이해하기 위해서 일선집행관료와 대상 집단의 행태를 고찰한다.
④ 선거직 공무원에 의한 정책결정과 책임이라는 민주주의의 기본가치를 충실하게 반영한다.
⑤ 일선집행관료들이 쉽게 느끼지 못하는 사회적, 경제적, 법적 요인들이 경시되기 쉽다.

Point!
상향적 접근방법의 단점으로 선거직 공무원에 의한 정책결정과 책임이라는 민주주의의 기본가치의 위배 가능성이 있다.

정답 ④

02
기출문제 9회

정책집행연구 중 하향적 접근방법에 관한 설명으로 옳지 않은 것은?

① 집행에 영향을 주는 집행관료와 이해관계집단 등 다양한 행위자들의 생각과 상호작용을 현장감 있게 분석할 수 있다.
② 정책집행을 정책결정과정에서 채택된 정책목표를 달성하는 과정으로 본다.
③ 바람직한 정책집행이 일어날 수 있는 규범적 처방을 정책결정자에게 제시해주는데 관심을 갖는다.
④ 유능하고 헌신적인 관료가 집행을 담당하여야 효과적인 정책집행이 가능하다고 한다.
⑤ 효과적인 정책집행을 위하여 조직화된 이익집단, 강력한 리더십 등이 있어야 한다고 한다.

Point!
상향적 접근방법은 집행에 영향을 주는 집행관료와 이해관계집단 등 다양한 행위자들의 생각과 상호작용을 현장감 있게 분석할 수 있다.

정답 ①

03

기출문제 2회

정책평가의 목적에 관한 설명으로 옳지 않은 것은?

① 목표가 얼마나 잘 충족되었는지 파악할 수 있다.
② 정책 성공과 실패의 원인을 구체적으로 제시할 수 있다.
③ 정책 성공을 위한 원칙 발견과 향상된 연구를 위한 토대를 마련할 수 있다.
④ 목표달성을 위해 사용된 수단과 하위 목표들을 재확인할 수 있다.
⑤ 정책문제의 구조화와 정책담당자의 자율성을 확보하는 데 있다.

Point!

정책평가는 정책집행과정과 정책결과만을 평가대상으로 하여 정책 대안이 의도대로 집행되었는지, 효과를 가져왔는지 평가하는 단계이다. 즉, 사후적인 단계인데 정책문제의 구조화와 정책담당자의 자율성 확보는 정책결정에서 사전적인 단계이다.

정답 ⑤

04

기출문제 6회

정책평가 연구설계의 타당성에 관한 설명으로 옳은 것은?

① 내적 타당성은 정책변수의 효과에 대한 결론을 일반화시킬 수 있는 범위를 의미한다.
② 외적 타당성은 정책 수단과 결과의 인과관계에 관한 추론의 정확성을 의미한다.
③ 통계적 결론의 타당성은 연구에 사용된 측정도구가 이론적 구성개념과 일치하는 정도를 의미한다.
④ 성숙요인은 내적 타당성을 저해할 수 있다.
⑤ 준실험이 진실험보다 내적 타당성과 외적 타당성이 더 높다.

Point!

① 외적 타당성은 정책변수의 효과에 대한 결론을 일반화시킬 수 있는 범위를 의미한다.
② 내적 타당성은 정책 수단과 결과의 인과관계에 관한 추론의 정확성을 의미한다.
③ 구성적 타당성은 연구에 사용된 측정도구가 이론적 구성개념과 일치하는 정도를 의미한다.
⑤ 준실험이 진실험보다 내적 타당성은 낮고, 외적 타당성은 높다.

정답 ④

05

기출문제 7회

정책평가에 관한 설명으로 옳지 않은 것은?

① 준실험설계는 실험집단과 통제집단의 동질성을 확보하여야 한다.
② 내적 타당성은 정책 집행 이후 변화가 오직 해당 정책에 기인한 것인지 아닌지를 밝히는 것과 관련된다.
③ 외적 타당성은 정책평가 결과의 일반화 가능성을 의미한다.
④ 평가성 검토(evaluability assessment)는 본격적인 평가를 시작하기 전에 실시하는 것으로 일종의 예비평가라고 볼 수 있다.
⑤ 허위변수는 두 변수 간에 전혀 관계가 없는데도 인과관계가 있는 것처럼 보이게 하는 제3의 변수이다.

> **Point!**
> ① 진실험설계는 실험집단과 통제집단의 동질성을 확보하여야 한다.

정답 ①

06

기출문제 9회

정책평가에 관한 설명으로 옳지 않은 것은?

① 총괄평가는 정책집행이 이루어지는 과정을 평가하는 활동으로 형성평가라고도 한다.
② 정책평가의 외적 타당성은 정책평가 결과의 일반화 가능성을 의미한다.
③ 정책평가의 내적 타당성은 정책이 집행된 이후에 나타나는 변화가 정책에 기인한 것인지, 다른 요인 때문인지를 밝히는 것과 관련된다.
④ 정책평가의 신뢰도는 동일한 측정도구를 반복해서 사용했을 때 동일한 결과를 얻을 확률을 의미한다.
⑤ 정책평가의 내적 타당성을 저해하는 요인으로 선정요인, 성숙요인, 역사요인 등을 들 수 있다.

> **Point!**
> 총괄평가는 정책이 집행된 후에 정책집행이 이루어지는 과정을 평가하는 활동으로 사후평가, 효과평가 라고도 한다.
> 형성평가는 정책이 집행되는 도중에 정책집행이 형성되는 과정에서 진행되는 평가로 과정평가, 진행평가라고도 한다.

정답 ①

07

기출문제 7회

다음 설명에 해당하는 정책변동모형은?

> 신념체계에서 규범적 핵심이나 정책 핵심의 변화가 쉽게 나타나지 않기 때문에 정책 목표와 수단에 급격한 변화를 가져오는 근본적 정책변동은 용이하지 않다.

① 정책지지연합모형
② 정책패러다임변동모형
③ 이익집단 위상변동모형
④ 정책흐름모형
⑤ 단절균형모형

정답 ①

Topic 13 조직구조

> **출제유형**
> 1. 조직유형별로 비교하여 암기한다.
> 2. 조직목표의 변동을 유형별로 정리한다.
> 3. 조직구조의 기본변수(공식성, 복잡성, 집권성)의 특징을 구분한다.

I. 대프트(Daft)의 조직구조의 유형

기계적 구조 ― 기능구조 ― 사업구조 ― 매트릭스구조 ― 수평구조 ― 네트워크 구조 ― 유기적 구조

1. 기계적 구조
조직의 외부환경이 안정적일 때 채택되며, 의사결정 집권화, 규칙과 절차 준수, 명확한 업무구분이 특징이다.

2. 기능구조
기능별로 부서화하여 전문성을 제고, 부서 내 의사소통에 유리하다.

3. 사업구조
특정 산출물별로 운영되므로 고객만족도 제고 및 성과관리에 유리하다.

4. 매트릭스구조
신축성과 적응성이 요구되는 불안정하고 급변하는 조직환경에 효과적인 구조이다.

5. 수평구조
수직적 계층과 부서 간 경계를 실질적으로 제거하고 의사소통을 원활하게 만든 유기적 구조이다.

6. 네트워크구조
높은 독자성을 지닌 조직 단위나 조직들 간에 협력적 연계장치로 구성된 조직으로 조직행위자 간 상호의존성과 관계성이 중요시된다.

7. 유기적구조
낮은 공식화, 의사결정 분권화, 모호하고 복잡한 과제, 적응성이 특징이다.

Ⅱ. 학습조직

1. 개념
<u>시행착오를 거치면서</u> 지속적으로 실험을 할 수 있는 조직이며, 문제해결을 조직의 필수적 가치로 추구한다.

2. 특징
적응적 조직문화, 조직원의 재량과 책임 중시, 협력, 수평적 구조, 구성원간 공유된 리더십을 통한 집단 학습, 탈관료제 모형, 부분보다 조직 전체를 중시

Ⅲ. 조직목표의 변동유형

1. 목표의 대치(전환) : 원래의 목표가 다른 목표로 전환되는 것

> **중요!** 목표의 대치(전환)의 발생원인?
> 미헬스의 과두제의 철칙 : 소수의 간부에 의해 권력이 독점되는 현상이다.

2. 목표의 승계 : 목표가 달성되었거나 달성이 불가능한 경우 본래의 목표를 새로운 목표로 교체하는 것

3. 목표의 추가 : 동종 목표의 수 또는 이종 목표가 늘어나는 것

4. 목표의 축소 : 동종 또는 이종 목표의 수나 범위가 줄어드는 것

Ⅳ. 주인 – 대리인 이론

1. 의의
조직경제학 이론이며, 경제학을 조직이론에 도입한 이론으로 주인(소유자, 위임자)과 대리인(근로자)의 계약관계를 상정한다.

2. 특징
- 주인과 대리인 간 정보의 비대칭성을 가정한다.
- 주인과 대리인의 관계에 관한 경제학적 모형에 근거한 이론이다.
- 대리인의 도덕적 해이(moral hazard) 현상을 설명하는데 유용하다.
- 주인과 대리인의 상충적 이해관계로 대리손실(agency loss)이 발생한다.
- 대리손실의 최소화 방법으로 정보의 균형화, 합리적 계약관계 등의 방안이 있다.

> **심화!** 대리손실(agency loss)
> ① 역선택 : **계약 전** 정보비대칭으로 부적격자가 대리인이 되어 발생하게 되는 손실(사전손실)
> ② 도덕적 해이 : **계약 후** 대리인이 주인의 이익이 아닌 대리인 자신의 이익을 추구해서 발생하게 되는 손실(사후손실)

V. 조직구조의 기본변수

1. 의의
조직의 구조변수에 따라 조직의 구조에 영향을 미친다. 조직구조의 상황변수(규모, 기술, 환경)이 기본변수(복잡성, 공식성, 집권성)에 영향을 미친다.

2. 조직의 기본변수

1) 복잡성(분화) : 조직을 구성하는 기구의 분화정도를 의미
 - 수평적 분화 : 조직 내 부서의 수, 전문화
 - 수직적 분화 : 조직 내 수직적 계층의 수를 의미
 - 공간적(장소적) 분화 : 장소적으로 조직구성원들이 분산되어있는 정도

2) 공식성 : 조직 내에 규칙, 절차, 지시 및 의사전달이 명문화된 정도를 의미

> < 특 징 >
> - 공식화 정도가 높을수록 업무의 예측가능성이 높아진다.
> - 업무수행의 규칙과 절차가 표준화될수록 조직구조의 공식성은 높아진다.
> - 공식화 정도가 높을수록 업무의 예측가능성이 높아진다.
> - 공식화를 통해 업무처리상 혼란을 방지할 수 있다.
> - 조직환경이 안정적이고 조직규모가 클수록 공식화 수준이 높다.
> - 공식화 수준이 너무 높으면, 업무처리에 있어서 조직구성원의 자율성과 창의성이 저해되기도 한다.

3) 집권성 : 의사결정이 상위층에 집중된 정도를 의미
의사결정의 권한이 상위층에 집중된 경우 집권화된 조직이라고 한다.

심화! 조직의 상황변수

1. 규모 : 조직의 크기(구성원 수 등) → 대규모 조직 vs 소규모

2. 기술 : 조직의 투입을 산출로 변화시키는 활동 → 일상적 vs 비일상적

3. 환경 : 조직의 외부 → 안정 vs 불안정

<조직의 기본변수와 상황변수의 관계>

구 분	규모(대규모)	기술(일상적)	환경(불확실)
복잡성	+	-	-
공식성	+	+	-
집권성	-	+	-

01 기출문제 5회

조직구조에 관한 설명으로 옳지 않은 것은?

① 수평구조는 수직적 계층과 부서 간 경계를 실질적으로 제거하고 의사소통을 원활하게 만든 유기적 구조이다.
② 네트워크조직은 높은 독자성을 지닌 조직 단위나 조직들 간에 협력적 연계장치로 구성된 조직으로 조직행위자 간 상호의존성과 관계성이 중요시된다.
③ 사업구조는 특정 산출물별로 운영되므로 고객만족도 제고 및 성과관리에 유리 하다.
④ 기계적 구조는 조직의 외부환경이 안정적일 때 채택되며, 의사결정 집권화, 규칙과 절차 준수, 명확한 업무구분이 특징이다.
⑤ 학습조직은 시행착오나 실패를 두려워하여 철저한 사전 준비를 통해 시행착오나 실패의 제로(zero)를 추구한다.

> **Point!**
> 학습조직은 시행착오를 거치면서 지속적으로 실험을 할 수 있는 조직이며, 문제해결을 조직의 필수적 가치로 추구한다.

정답 ⑤

02 기출문제 10회

기계적 조직과 학습조직의 특성에 관한 내용으로 옳지 않은 것은?

① 기계적 조직은 위계적·경직적 조직문화를 갖는 데 비해 학습조직은 적응적 조직문화를 갖는다.
② 기계적 조직은 조직원의 재량과 책임을 중시하나 학습조직은 조직원 과업을 상세히 규정한 표준화·분업화에 의해 수행한다.
③ 기계적 조직은 경쟁을 중시하나 학습조직은 협력을 중시한다.
④ 기계적 조직은 수직적 구조이나 학습조직은 수평적 구조를 지향한다.
⑤ 기계적 조직은 정보가 최고관리층에 집중되는 반면에 학습조직은 조직원들에게 공유된다.

> **Point!**
> 학습조직은 조직원의 재량과 책임을 중시하나 기계적 조직은 조직원 과업을 상세히 규정한 표준화·분업화에 의해 수행한다.

정답 ②

03　기출문제 8회

조직목표 변동에 관한 설명으로 옳지 않은 것은?

① 원래의 목표가 다른 목표로 전환되는 것이 목표의 대치 또는 전환이다.
② 목표가 달성되었거나 달성이 불가능한 경우 본래의 목표를 새로운 목표로 교체하는 것이 목표의 승계이다.
③ 동종목표의 수 또는 이종목표가 늘어나는 것이 목표의 추가이다.
④ 동종 또는 이종 목표의 수나 범위가 줄어드는 것이 목표의 축소이다.
⑤ 미헬스(R. Michels)의 과두제 철칙(iron law of oligarchy)은 목표의 추가 현상을 설명한 것이다.

Point!
미헬스의 과두제 철칙은 목표의 대치(전환)의 발생원인이다.

정답 ⑤

04　기출문제 6회

주인-대리인이론(principal-agent theory)에 관한 설명으로 옳은 것을 모두 고른 것은?

> ㄱ. 주인과 대리인 간 정보의 대칭성을 가정한다.
> ㄴ. 주인과 대리인의 관계에 관한 경제학적 모형에 근거한 이론이다.
> ㄷ. 대리인의 도덕적 해이(moral hazard) 현상을 설명하는데 유용하다.
> ㄹ. 주인과 대리인의 상충적 이해관계로 대리손실(agency loss)이 발생한다.

① ㄱ, ㄴ　　② ㄷ, ㄹ
③ ㄱ, ㄴ, ㄷ　　④ ㄱ, ㄷ, ㄹ
⑤ ㄴ, ㄷ, ㄹ

Point!
주인-대리인이론은 주인과 대리인 간 정보의 비대칭성을 가정한다.

정답 ⑤

05
기출문제 6회

조직구조의 기본변수에 관한 설명으로 옳지 않은 것은?

① 복잡성은 조직을 구성하는 기구의 분화정도를 의미한다.
② 수평적 복잡성은 조직 내 수직적 계층의 수를 의미한다.
③ 업무수행의 규칙과 절차가 표준화될수록 조직구조의 공식성은 높아진다.
④ 공식화 정도가 높을수록 업무의 예측가능성이 높아진다.
⑤ 의사결정의 권한이 상위층에 집중된 경우 집권화된 조직이라고 한다.

> **Point!**
> 수직적 복잡성은 조직 내 수직적 계층의 수를 의미한다.
>
> 정답 ②

06
기출문제 4회

조직의 기본변수 중 공식화(formalization)에 관한 설명으로 옳지 않은 것은?

① 공식화는 조직 내에 규칙, 절차, 지시 및 의사전달이 명문화된 정도를 의미한다.
② 공식화 수준이 높은 경우, 조직구성원들의 행동이 정형화되어 그들에 대한 통제가 어려워진다.
③ 공식화를 통해 업무처리상 혼란을 방지할 수 있다.
④ 조직환경이 안정적이고 조직규모가 클수록 공식화 수준이 높다.
⑤ 공식화 수준이 너무 높으면, 업무처리에 있어서 조직구성원의 자율성과 창의성이 저해되기도 한다.

> **Point!**
> 공식화 수준이 높은 경우, 조직구성원들의 행동이 정형화되어 그들에 대한 통제가 용이하다.
>
> 정답 ②

Topic 14 관료제 및 탈관료제

> **출제유형**
> 1. 관료제의 개념 및 특징을 정리한다. 관료제의 특징은 특히 자주 나오는 단골문제이다.
> 2. 탈관료제 모형에서 팀조직, 매트릭스조직, 네트워크조직, 학습조직의 특징을 비교하여 암기한다.

I. 관료제

1. 개념
막스 베버(M. Weber)가 제시하는 관료제는 합법적 권위에 의한 <u>근대적 관료제</u>를 강조

2. 근대적 관료제 특징

1) 법규성 : 합법적으로 제정한 법규에 근거를 두고 운영된다.

2) 계층제적 조직 : 권한과 책임이 명백한 계층제 구조로 이루어진다.

3) 문서주의 : 관료는 임무수행을 구두가 아니라 문서로 한다.

4) 비정의성(impersonality) : 업무처리에 있어서 비정의적(비개인적)으로 공과 사를 구분해야 한다.

5) 전문직업성(전문화) : 업무수행에 필요한 전문성을 강조, 임무수행에 필요한 전문적 훈련을 받은 사람들이 관료로 채용된다.

6) 직업의 전업화 : 업무에 있어서 조직구성원의 전임화

> **심화!** 관료제의 역기능
>
> ① 형식주의(red tape) : 규칙과 절차의 강조로 초래
>
> ② 할거주의 : 지나친 전문화(분업)으로 자기가 소속된 조직의 이익만을 중시하여 조정과 협조 곤란
>
> ③ 목표의 대치(전환) : 목표가 아닌 수단으로 수단이 목표를 압도
>
> ④ 피터의 원리 : 연공서열에 따라 무능한 관료들이 승진하면서 조직의 능률성이 저하
>
> ⑤ 파킨슨의 법칙 : 공무원의 수 증가와 관계없이 본질적인 업무량이 증가

Ⅱ. 탈관료제 모형

1. 팀제(수평구조)
- 조직의 인력을 신축적으로 운영하고, 실무 차원에서 팀장 및 팀원의 권한을 향상시킨다.
- 팀제를 통해 조직구성원의 참여를 제고시키고 개인적 의견반영이 용이하다.
- 조직의 경직성을 탈피하고, 팀 내 전문능력 및 기술을 활용하게 한다.
- 종전 수직적 조직을 수평적 조직으로 전환해 전략적 업무를 수행하는 조직에 적합하다.
- 조직구성원들의 신속한 의사결정을 촉진시킨다.

2. 매트릭스 조직
- 신축성과 적응성이 요구되는 불안정하고 급변하는 조직 환경에 효과적인 조직이다.
- 각 분야의 전문가들 간 수평적 의사소통을 통해 다양한 아이디어가 제시된다.
- 조직 내부의 자원활용의 효율성이 제고되어 인력 활용의 측면에서 비용 절감이 크다.
- 매트릭스조직의 사례로 대규모 기업의 사업부제 시스템 등을 들 수 있다.
- 기능구조와 사업구조의 결합을 시도하는 조직이며, 행렬조직이라고도 한다.

3. 네트워크 조직
- 결정과 기획 등 핵심기능만 남기고 기타 집행사업기능을 각각 전문업체에 위탁경영하여 일을 수행하는 조직이다.
- 높은 독자성을 지닌 조직 단위나 조직들 간에 협력적 연계장치로 구성된 조직으로 조직행위자 간 상호의존성과 관계성이 중요시된다.

4. 학습조직
- 자신과 다른 사람의 경험 및 시행착오를 통한 학습활동을 높게 평가한다.
- 불확실한 환경에서 조직 스스로 문제해결을 할 수 있도록 조직구성원에게 권한 강화와 학습기회를 제공한다.
- 학습조직은 변화를 위한 학습역량 함양을 통해 미래 행동의 기반을 구축한다.
- 학습조직은 관계지향성과 집합적 행동을 장려한다.
- <u>시행착오를 거치면서</u> 지속적으로 실험을 할 수 있는 조직이며, 문제해결을 조직의 필수적 가치로 추구한다

01
기출문제 9회

관료제의 특징으로 옳지 않은 것은?

① 분업구조
② 계층구조
③ 문서화된 법규
④ 실적주의
⑤ 정의적(personal) 업무 처리

> **Point!**
> 관료제의 특징은 비정의성(impersonality)이다. 즉, 업무처리에 있어서 비개인적으로 공과 사를 구분해야 한다.
>
> 정답 ⑤

02
기출문제 6회

막스 베버(M. Weber)가 제시한 관료제에 관한 설명으로 옳지 않은 것은?

① 계층제의 원리를 근간으로 한다.
② 업무수행에 필요한 전문성을 강조한다.
③ 합법적 권위로부터 관료제의 정당성을 찾는다.
④ 개인성(personality)을 고려한 업무처리를 강조한다.
⑤ 규칙과 절차의 강조로 형식주의(red tape)와 같은 역기능이 초래된다.

> **Point!**
> 관료제의 특징은 비정의성(impersonality)이다. 즉, 업무처리에 있어서 비개인적으로 공과 사를 구분해야 한다.
>
> 정답 ④

03
기출문제 8회

베버(M. weber)가 제시한 관료제의 특징으로 옳지 않은 것은?

① 합법적으로 제정한 법규에 근거를 두고 운영된다.
② 권한과 책임이 명백한 계층제 구조로 이루어진다.
③ 관료는 임무수행을 구두가 아니라 문서로 한다.
④ 임무수행에 필요한 전문적 훈련을 받은 사람들이 관료로 채용된다.
⑤ 임무수행은 인격성(personality)과 비합리성이 중시된다.

> **Point!**
> 관료제에서 임무수행은 비개인성과 합리성이 중시된다.
>
> 정답 ⑤

04
기출문제 2회

공공조직에서 막스 베버가 제시한 관료제의 주요 특징에 해당되지 않는 것은?

① 업무의 분업구조 속에서 직무에 대한 권한과 관할범위의 규정
② 조직형태에 있어서 명확한 계서제적 구조
③ 권한 및 업무에 있어서 자의성과 개인적 선호가 배제된 문서화된 법규
④ 비개인성을 배제한 업무수행
⑤ 업무에 있어서 조직구성원의 전문화와 전임화

> **Point!**
> 관료제의 특징은 비개인성을 추구한 업무수행이다.
>
> 정답 ④

05 기출문제 5회

매트릭스조직에 관한 설명으로 옳은 것은?

① 단일한 명령 및 보고체제를 갖고 있다.
② 하위조직 간 정보 흐름이 활성화된다.
③ 하위조직 간 할거주의가 발생할 경우 조정이 용이하다.
④ 불안정한 환경에 적절하게 대응하지 못한다.
⑤ 복잡한 의사결정을 하지 못한다.

Point!
① 기능구조와 사업구조가 결합되어 있는 이중적인 명령 및 보고체제를 갖고 있다.
③ 하위조직 간 할거주의가 발생할 경우 조정이 어렵다.
④ 불안정한 환경에 적절하게 대응할 수 있는 조직이다.
⑤ 복잡한 의사결정을 하는데 적합한 조직이다.

정답 ②

06 기출문제 3회

매트릭스조직에 관한 설명으로 옳지 않은 것은?

① 인력 활용의 측면에서 비용 부담이 크다.
② 신축성과 적응성이 요구되는 불안정하고 급변하는 조직 환경에 효과적인 조직이다.
③ 각 분야의 전문가들 간 수평적 의사소통을 통해 다양한 아이디어가 제시된다.
④ 매트릭스조직의 사례로 대규모 기업의 사업부제 시스템 등을 들 수 있다.
⑤ 기능구조와 사업구조의 결합을 시도하는 조직이며, 행렬조직이라고도 한다.

Point!
조직 내부의 자원활용의 효율성이 제고되어 인력 활용의 측면에서 비용 절감이 크다.

정답 ①

07 기출문제 2회

우리나라 공공조직의 팀제에 관한 설명으로 옳지 않은 것은?

① 조직의 인력을 신축적으로 운영하고, 실무 차원에서 팀장 및 팀원의 권한을 향상시킨다.
② 조직구성원들의 신속한 의사결정을 저해시킨다.
③ 팀제를 통해 조직구성원의 참여를 제고시키고 개인적 의견반영이 용이하다.
④ 조직의 경직성을 탈피하고, 팀 내 전문능력 및 기술을 활용하게 한다.
⑤ 종전 수직적 조직을 수평적 조직으로 전환해 전략적 업무를 수행하는 조직에 적합하다.

Point!
조직구성원들의 신속한 의사결정을 촉진시킨다.

정답 ②

08 기출문제 1회

지식정보화 시대에 필요한 학습조직의 특징을 설명한 것으로 옳지 않은 것은?

① 학습조직은 자신과 다른 사람의 경험 및 시행착오를 통한 학습활동을 높게 평가한다.
② 학습조직은 불확실한 환경에서 조직 스스로 문제해결을 할 수 있도록 조직구성원에게 권한 강화와 학습기회를 제공한다.
③ 학습조직은 결정과 기획 등 핵심기능만 남기고 기타 집행사업기능을 각각 전문업체에 위탁경영하여 일을 수행하는 조직이다.
④ 학습조직은 변화를 위한 학습역량 함양을 통해 미래 행동의 기반을 구축한다.
⑤ 학습조직은 관계지향성과 집합적 행동을 장려한다.

Point!
네트워크조직은 결정과 기획 등 핵심기능만 남기고 기타 집행사업기능을 각각 전문업체에 위탁경영하여 일을 수행하는 조직이다.

정답 ③

Topic 15 정부조직 및 책임운영기관

> **출제유형**
>
> 1. 우리나라 정부조직을 구분하여 암기한다. 특히, 대통령 소속 vs 국무총리 소속 기관을 비교한다.
> 2. 우리나라 책임운영기관의 특징을 꼼꼼히 암기한다. 책임운영기관은 자주 나오는 단골출제 파트이다.
> 3. 위원회의 개념 및 유형을 구분하여 정리한다.

I. 우리나라 정부조직(중앙행정기관)

1. 대통령 소속

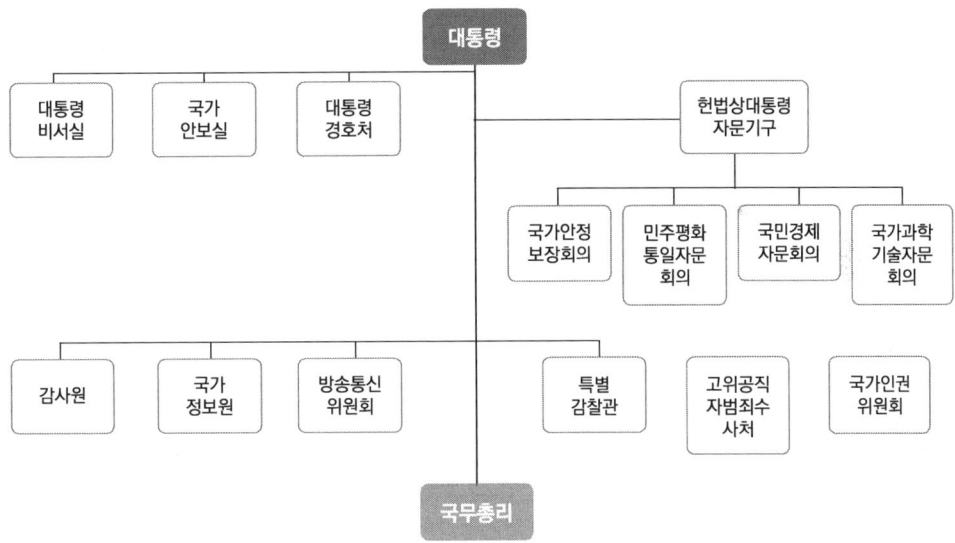

2. 국무총리 소속

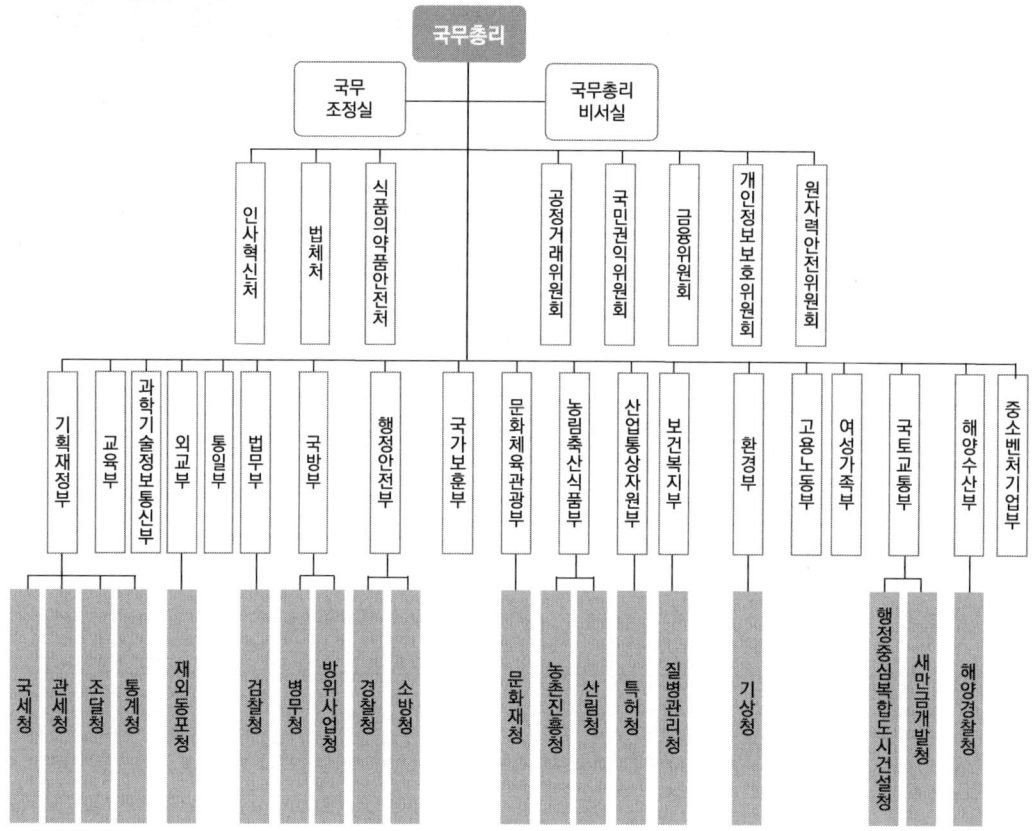

Ⅱ. 책임운영기관

1. 개념
- 정부가 사업적·집행적 성격이 강한 기관을 분리시켜 유연한 경영방식을 도입한 것이다.
- 기관의 지위에 따라 소속책임운영기관과 중앙책임운영기관으로 구분된다.
- 우리나라 책임운영기관에는 국립중앙극장, 국립현대미술관, 경찰병원 등이 있다.

2. 도입 및 운영
- <u>1999년 김대중</u> 정부에서 처음으로 도입되었다.
- 우리나라는 「책임운영기관의 설치·운영에 관한 법률」등에 의해 운영되고 있다.

3. 기관장
1) 중앙책임운영기관 기관장 : 정무직, 임기 2년, 한 차례만 연임가능
2) 소속책임운영기관 기관장 : 공개모집으로 최소 2년 이상 5년 이내 임기제 공무원

4. 예산 및 회계
- 조직, 예산 등의 운영상 자율성이 <u>책임운영기관장</u>에게 부여되어 있다.
- 책임운영기관의 회계는 <u>일반회계</u>, <u>특별회계</u>로 구성되며, 예산 운영상의 자율성을 보장하여야 한다.
  ① 재정수입의 전부 또는 일부를 자체적으로 확보할 수 있는 사무를 주로 하는 책임운영기관의 회계 : 책임운영기관특별회계로 운영
  ② 책임운영기관특별회계기관을 제외한 소속책임운영기관 : 일반회계로 운영
- 예산의 전용·이월 등이 <u>허용된다</u>.

5. 특징
- 경영의 자율성이 부여되는 대신 성과에 대한 책임이 요구되며, 책임운영기관장에게 재량권을 부여하여 자율적인 경영과 그 성과에 대한 책임을 지게 한다.
- 소속책임운영기관에 대한 종합평가는 <u>행정안전부</u>가 주관한다.
- 소속책임운영기관과 소속중앙행정기관 간 공무원의 인사교류는 <u>가능</u>하다.
- 중앙책임운영기관으로 특허청이 있다.

  중요! 중앙책임운영기관으로는 특허청이 유일하다.

Ⅲ. 위원회

1. 개념
결정권한의 최종 책임이 <u>복수의 의사결정권자</u>에게 있는 조직

2. 유형

1) 자문위원회
자문 목적의 참모기관으로 의사결정의 법적 구속력이 없음(ex. 자치분권위원회 등)

2) 행정위원회
① **의결위원회** : 자문위원회와 행정위원회의 중간 조직, 의사결정권한은 있으나 집행권한은 없음
② **행정위원회** : 행정관청으로 의사결정권한도 있고 집행권한도 있음
  (ex. 방송통신위원회, 공정거래위원회, 국민권익위원회, 금융위원회, 원자력안전위원회, 개인정보보호위원회)

01
기출문제 10회

조직체계에서 청 단위기관과 소속부처의 연결로 옳은 것을 모두 고른 것은?

> ㄱ. 기상청 - 환경부
> ㄴ. 방위사업청 - 산업통상자원부
> ㄷ. 소방청 - 행정안전부
> ㄹ. 특허청 - 기획재정부
> ㅁ. 해양경찰청 - 국방부

① ㄱ, ㄷ ② ㄱ, ㄹ ③ ㄴ, ㄹ
④ ㄴ, ㅁ ⑤ ㄷ, ㅁ

Point!
ㄴ. 방위사업청 – 국방부
ㄹ. 특허청 – 산업통상자원부
ㅁ. 해양경찰청 – 해양수산부

정답 ①

02
기출문제 7회

정부조직 중 국무총리 소속기관이 아닌 것은?

① 국민권익위원회
② 국가과학기술자문회의
③ 공정거래위원회
④ 원자력안전위원회
⑤ 금융위원회

Point!
국가과학기술자문회의는 대통령 소속기관이다.

정답 ②

03
기출문제 5회

우리나라 책임운영기관에 대한 설명으로 옳지 않은 것은?

① 경영의 자율성이 부여되는 대신 성과에 대한 책임이 요구된다.
② 우리나라 책임운영기관에는 국립중앙극장, 국립현대미술관, 경찰병원 등이 있다.
③ 책임운영기관의 회계는 특별회계로 하여 예산 운영상의 자율성을 보장하여야 한다.
④ 책임운영기관의 장은 공모를 통해 임기제공무원으로 임용된다.
⑤ 사업적, 집행적 성격의 행정서비스 비율이 높은 사무에 적합하다.

Point!
책임운영기관의 회계는 일반회계, 특별회계로 구성되며, 예산 운영상의 자율성을 보장하여야 한다.
1) 재정수입의 전부 또는 일부를 자체적으로 확보할 수 있는 사무를 주로 하는 책임운영기관의 회계 → 책임운영기관특별회계로 운영
2) 책임운영기관특별회계기관을 제외한 소속책임운영기관 → 일반회계로 운영

주의 책임운영기관은 소속책임운영기관과 중앙책임운영기관으로 구분된다.

소속책임운영기관의 장은 공모를 통해 임기제 공무원으로 임용되지만, 중앙책임운영기관의 장은 정무직 공무원으로 임용된다.

④에서 책임운영기관의 장이 아닌 소속책임운영기관의 장이 공모를 통해 임기제공무원으로 임용되기 때문에 기출정답은 ③이지만, ④도 틀린 지문으로 볼 수 있다.

정답 ③

04

기출문제 7회

정부가 도입한 책임운영기관에 관한 설명으로 옳지 않은 것은?

① 기관의 지위에 따라 소속책임운영기관과 중앙책임운영기관으로 구분된다.
② 우리나라는 「책임운영기관의 설치·운영에 관한 법률」 등에 의해 운영되고 있다.
③ 정부가 사업적·집행적 성격이 강한 기관을 분리시켜 유연한 경영방식을 도입한 것이다.
④ 기관장에게 재량권을 부여하여 자율적인 경영과 그 성과에 대한 책임을 지게 한다.
⑤ 예산편성 및 집행상의 자율권을 확보하기 위하여 특별위원회를 두며, 예산의 전용·이월 등이 허용되지 않는다.

> Point!
> 특별위원회를 두지 않으며, 예산의 전용·이월 등이 허용된다.

정답 ⑤

05

기출문제 8회

우리나라 책임운영기관에 관한 설명으로 옳은 것은?

① 2009년 이명박 정부에서 처음으로 도입되었다.
② 조직, 예산 등의 운영상 자율성이 책임운영기관장이 아닌 주무부처 장관에게 부여되어 있다.
③ 중앙책임운영기관으로 특허청이 있다.
④ 소속책임운영기관에 대한 종합평가는 기획재정부가 주관한다.
⑤ 소속책임운영기관과 소속중앙행정기관 간 공무원의 인사교류는 불가능하다.

> Point!
> ① 1999년 김대중 정부에서 처음으로 도입되었다.
> ② 조직, 예산 등의 운영상 자율성이 책임운영기관장에게 부여되어 있다.
> ④ 소속책임운영기관에 대한 종합평가는 행정안전부가 주관한다.
> ⑤ 소속책임운영기관과 소속중앙행정기관 간 공무원의 인사교류는 가능하다.

정답 ③

06

행정조직에 관한 설명으로 옳은 것은?

① 위원회 조직은 결정권한의 최종 책임이 기관장 한 사람에게 집중되어 있는 조직이다.
② 방송통신위원회, 공정거래위원회와 같은 행정위원회는 결정권한을 갖고 있으며 집행까지 책임을 진다.
③ 책임운영기관은 중앙통제 중심의 관료제적 성격을 갖는 조직으로 실제 일을 맡아 집행하는 사람들에게 재량권을 부여하지 않는다.
④ 책임운영기관은 수익성보다는 정부기능이 갖고 있는 공익성만을 강조하며, 효율성보다는 사회적 형평성을 관리의 주요 가치로 삼는다.
⑤ 애드호크라시는 현대의 복잡하고 불확실한 환경에서 발생하는 문제에 신속하게 대응하지 못한다.

Point!

① 위원회 조직은 결정권한의 최종 책임이 복수의 의사결정권자에게 있는 조직이다.
③ 책임운영기관은 중앙통제 중심의 관료제적 성격을 갖는 조직으로 실제 일을 맡아 집행하는 사람들에게 재량권을 부여한다.
④ 책임운영기관은 수익성과 효율성을 관리의 주요 가치로 삼는다.
⑤ 애드호크라시는 현대의 복잡하고 불확실한 환경에서 발생하는 문제에 신속하게 대응할 수 있다.

정답 ②

Topic 16 동기부여 과정이론 및 리더십 행동이론

출제유형

1. 동기부여 내용이론 vs 과정이론을 구분하여 정리한다.
2. 허즈버그의 2요인 이론을 꼼꼼히 암기한다. 특히 자주 나오는 단골출제유형이다.
3. 리더십 이론의 유형(특성론, 행태론, 상황론)을 비교하여 정리한다.
4. 변혁적 리더십의 특징과 유형을 정리한다.

Ⅰ. 동기부여 이론

동기부여 내용이론	동기부여 과정이론
• 매슬로우의 욕구 5단계론 • 허즈버그의 2요인 이론 • 맥그리거의 XY이론 • 맥클랜드의 성취동기이론 • 엘더퍼의 ERG 이론	• 브룸의 기대이론 • 아담스의 공정성이론 • 포터&롤러의 업적만족이론 • 로크의 목표설정이론

1. 동기부여 내용이론

1) 매슬로우의 욕구 5단계론
  - 인간의 욕구를 계층적 구조로 나누어 설명한다.
  - 5단계 : 생리적욕구 → 안전욕구 → 사회적욕구 → 존경의 욕구 → 자아실현욕구
  - 하위계층의 욕구가 충족되어야 상위계층의 욕구가 나타나기 시작한다.
  - 엘더퍼의 ERG이론은 인간의 욕구를 계층화한 점에서 머슬로와 공통된 견해를 지닌다.

2) 허즈버그의 2요인 이론
  - 위생(불만족)요인과 동기(만족)요인이 상호 독립된 별개로 있다는 것을 제시
  - 위생요인의 충족은 불만족을 제거, 동기요인의 충족은 직무수행의 동기를 유발
    주의 위생요인의 충족이 만족을 가져오지는 않고 불만족을 제거할 뿐이다.

위생요인	동기요인
보수	성취감
대인관계	책임감
근무조건	안정감
조직정책	인정감

3) 맥그리거의 XY이론
- 인간관을 X·Y 2가지 이론으로 구분하며, Y이론을 강조
- X이론 : 인간은 본질적으로 일을 싫어하며 일을 하지 않으려한다고 가정
- Y이론 : 인간은 본질적으로 일을 싫어하는 것은 아니고 자율적으로 자기규제를 할 수 있다고 가정

4) 맥클랜드의 성취동기이론
- 개인의 욕구는 사회문화와 상호작용하는 과정에서 학습되는 것으로 개인마다 욕구의 계층에 차이가 있다고 주장 〈모든 사람이 비슷한 욕구의 계층을 갖고 있다고 보는 머슬로(A. Maslow)의 이론을 비판〉
- 학습된 욕구의 유형을 권력욕구, 성취욕구, 친교욕구로 구분하였다.

2. 동기부여 과정이론

1) 브룸의 기대이론
   동기의 강도가 기대성(E), 수단성(I), 유의성(V)에 의해 영향을 받는다.

2) 아담스의 공정성(형평성) 이론
   업무에서 준거인물과 비교하여 보상의 불공평성을 제거하고 형평하게 취급받으려고 하는 욕구가 동기부여를 유발

3) 포터&롤러의 업적만족이론
   성과달성이 외재적 보상(승진, 보수 등)과 내재적보상(성취감 등)을 줄 거라는 기대가 동기부여에 영향

4) 로크의 목표설정이론
   인간의 행동은 의식적인 목표와 성취의도에 의해 결정된다.

II. 리더십 이론

1. 특성론(지적론, 속성론)

- 리더로 적합한 사람을 선택하는 방법을 연구한다.
- 리더의 자질을 가진 사람은 어떤 상황에서든 지도자가 될 수 있다고 주장한다.

2. 행태론
- 훈련에 의해 효과적인 리더를 양성할 수 있다고 주장한다.
- 아이오와 대학 연구, 미시간 대학 연구, 오하이오 대학 연구, 블레이크&머튼 연구

3. 상황론
- 업무 특성과 리더십 스타일 사이의 관계에 초점을 둔다.
- 상황에 따라 리더십의 효과성이 달라진다는 시각에서 리더의 행동을 파악한다.

III. 변혁적 리더십

1. 거래적 리더십 vs 변혁적 리더십

거래적 리더십(전통적 리더십)	변혁적 리더십
• 안전을 지향하고 폐쇄적이다. • 지도자와 부하들 간의 합리적·타산적 교환관계를 중시한다. • 고전적 관료제 구조이다.	• 변화를 지향하고 체제 개방적이다. • 영감과 비전 제시, 공유에 의한 동기유발을 중시한다. • 기계적 관료제 구조보다는 임시체계에 더 적합하다. • 리더의 카리스마, 구성원에 대한 지적 자극, 인간적인 관계 등이 어우러져 나타난다.

2. 변혁적 리더십 유형

1) 카리스마적 리더십
   리더가 난관을 극복하고 현재 상태에 대한 각성을 표명해서 부하들에게 자긍심과 신념을 부여

2) 영감적 리더십
   리더가 부하에게 도전적 목표와 임무, 미래에 대한 비전을 추구하도록 격려

3) 지적 자극
   부하가 사고를 다시 생각하게 하여 새로운 관념을 촉발

4) 개별적 배려
   개인의 특성을 파악하여 개인적 존재를 인정하고 다양성을 존중

01
기출문제 6회

동기부여 과정이론은?

① 브룸(V. Vroom)의 기대이론
② 매슬로우(A. Maslow)의 욕구 5단계론
③ 허즈버그(F. Herzberg)의 2요인 이론
④ 맥그리거(D. McGregor)의 XY이론
⑤ 맥클랜드(D. McClelland)의 성취동기이론

Point!

동기부여 내용이론	동기부여 과정이론
• 매슬로우의 욕구 5단계론 • 허즈버그의 2요인 이론 • 맥그리거의 XY이론 • 맥클랜드의 성취동기이론 • 엘더퍼의 ERG 이론	• 브룸의 기대이론 • 아담스의 공정성이론 • 포터&롤러의 업적만족이론 • 로크의 목표설정이론

정답 ①

02
기출문제 4회

허즈버그(Herzberg)가 제시한 동기요인이 아닌 것은?

① 성취감　② 책임감　③ 보수
④ 안정감　⑤ 승진

Point!

보수는 허즈버그가 제시한 위생요인이다.

정답 ③

03
기출문제 8회

허즈버그(F. Herzberg)가 제시한 위생요인이 아닌 것은?

① 인정감　　② 봉급
③ 대인관계　④ 근무조건
⑤ 조직정책

Point!

인정감은 허즈버그가 제시한 동기요인이다.

정답 ①

04
기출문제 9회

허즈버그(F. Herzberg)의 동기·위생 2요인이론에 관한 설명으로 옳은 것은?

① 인간의 욕구를 계층적 구조로 나누어 설명한다.
② 하위계층의 욕구가 충족되어야 상위계층의 욕구가 나타나기 시작한다.
③ 모든 욕구는 충족되면 동기부여로 이어진다.
④ 동기요인에는 보수, 신분보장, 작업조건, 대인관계 등이 포함된다.
⑤ 위생요인은 주로 생리적 욕구, 안전욕구 등을 만족시키는 요인들이다.

Point!

① 매슬로우의 욕구5단계론은 인간의 욕구를 계층적 구조로 나누어 설명한다.
② 매슬로우의 욕구5단계론에서 하위계층의 욕구가 충족되어야 상위계층의 욕구가 나타나기 시작한다.
③ 모든 욕구는 충족되면 동기부여로 이어지는 것이 아니다.
④ 위생요인에는 보수, 신분보장, 작업조건, 대인관계 등이 포함된다.

정답 ⑤

05 기출문제 6회

리더십 행동이론에 관한 설명으로 옳은 것은?

① 상황에 따라 리더십의 효과성이 달라진다는 시각에서 리더의 행동을 파악한다.
② 업무 특성과 리더십 스타일 사이의 관계에 초점을 둔다.
③ 리더로 적합한 사람을 선택하는 방법을 연구한다.
④ 리더의 자질을 가진 사람은 어떤 상황에서든 지도자가 될 수 있다고 주장한다.
⑤ 훈련에 의해 효과적인 리더를 양성할 수 있다고 주장한다.

Point!

① 상황론에서 상황에 따라 리더십의 효과성이 달라진다는 시각에서 리더의 행동을 파악한다.
② 상황론에서 업무 특성과 리더십 스타일 사이의 관계에 초점을 둔다.
③ 특성론(자질론, 속성론)에서 리더로 적합한 사람을 선택하는 방법을 연구한다.
④ 특성론(자질론, 속성론)에서 리더의 자질을 가진 사람은 어떤 상황에서든 지도자가 될 수 있다고 주장한다.

정답 ⑤

06 기출문제 3회

변혁적 리더십(transformational leadership)에 관한 설명으로 옳지 않은 것은?

① 변화를 지향하고 체제 개방적이다.
② 영감과 비전 제시, 공유에 의한 동기유발을 중시한다.
③ 지도자와 부하들 간의 합리적·타산적 교환관계를 중시한다.
④ 기계적 관료제 구조보다는 임시체계에 더 적합하다.
⑤ 리더의 카리스마, 구성원에 대한 지적 자극, 인간적인 관계 등이 어우러져 나타난다.

Point!

거래적 리더십은 지도자와 부하들 간의 합리적·타산적 교환관계를 중시한다.

정답 ③

Topic 17 인사행정 및 공직분류

> **출제유형**
> 1. 인사행정에서의 엽관주의 개념을 정리한다.
> 2. 우리나라의 주요 인사제도 중 대표관료제 vs 직업공무원제 구분하여 암기한다.
> 3. 공직구조의 분류에서 계급제 vs 직위분류제를 헷갈리지 않게 꼼꼼하게 비교하여 암기한다.

I. 엽관주의

1. 개념
정당에 대한 공헌도와 충성심에 입각하여 공무원을 임용하는 제도

2. 특징
- 당파성이나 정치적 요인을 기준으로 공직임용이 이루어진다.
- 개인의 능력, 자격, 업적 등 실적 외의 요인에 의해 공직임용이 이루어진다는 점에서 정실주의와 유사하다.
  > **주의** 정실주의는 친분(혈연, 지연 등)을 기준으로 공직임용
- 행정의 일관성, 계속성, 안정성을 저해할 수 있다.
- 공직의 대규모 경질을 통해 공직에의 참여기회를 확대한다.
- 우리나라는 공식적 인사정책으로 채택한 적은 없으나, 엽관주의적 요소가 부분적으로 존재한다.
- 우리나라는 엽관주의적 공식 임용이 허용되고 있다.
  ex. 정무직, 개방형 임용, 정부산하기관의 기관장 등

II. 대표관료제

1. 개념
국민에 대한 대응성과 공직 임용의 사회적 형평성을 제고시키려는 목적을 지닌 제도이다.

2. 특징
- 우리나라의 대표관료제 제도는 양성평등채용목표제, 장애인 의무고용제 임용목표제, 지방인재채용목표제, 저소득채용목표제 등

- 행정의 전문성과 생산성을 약화한다.
- 대표관료제의 발전은 행정의 형평성과 능률성을 제고하지 못한다.
- 대표관료제의 관료들은 정책과정에서 공익보다는 자신이 속한 배경집단의 이익을 추구한다.
- 개인보다는 집단에 역점을 두는 대표관료제는 자유주의와 부합한다.
- 공직사회 내부 구성원 상호 간 견제를 통하여 내적 통제를 강화한다.

Ⅲ. 실적주의

1. 개념
개인의 객관적인 능력·자격·성적을 기준으로 공무원을 임용하는 제도

2. 특징
- 개인의 능력이나 실적을 기준으로 임용한다.
- 공무원의 정치적 중립이 확보된다.
- 행정의 전문성을 확보한다.
- 신분보장으로 공무원에 대한 통제력 확보가 어렵고, 관료의 특권화를 초래할 수 있다.
- 직업공무원제 수립을 촉진한다.

Ⅳ. 직업공무원제

1. 개념
젊은 인재들이 직업을 공무원으로 선택해 일생동안 공무원으로 근무하도록 운영하는 인사제도이다.

2. 특징
- 우리나라의 공직구조는 직업공무원제도를 근간으로 한다.
- 실적주의 + 계급제
- 계급제, 일반능력자 중심의 임용, 신분보장 등을 토대로 한다.
- 실적주의의 확립
- 공무원의 신분보장
- 직업전문분야 확립에 유리하지만, 행정 전문성의 약화를 초래할 수 있다.

    주의! 일반행정가 양성
    주의! 실적주의 ⊃ 직업공무원제

V. 계급제

1. 개념
인간을 기준으로 공직을 공무원 개인의 자격과 능력을 기준으로 분류하는 제도이다.

2. 특징
- 사람의 특성에 따라 공직을 분류한다.
- 장기적인 발전 가능성이나 잠재력을 중시하는 직업공무원제의 수립에 유용하다.
  (일반행정가 양성)
- 우리나라는 <u>계급제를 근간으로 하면서 직위분류제적 요소</u>를 부분적으로 도입하고 있다.
- 공무원의 신분보장(폐쇄형 충원)과 직업공무원제 확립에 유리

VI. 직위분류제

1. 개념
직무를 기준으로 직무의 난이도와 책임도에 따라 직위를 분류하는 제도이다.

2. 특징
- 조직 내의 직위들을 각 직위에 배당된 직무의 속성(특성)에 따라 분류·관리한다.
- 동일한 직무에 대한 동일한 보수 지급의 원칙에 부합한다.
- 직무의 내용, 특성, 자격 등 객관적인 기준에 따라 합리적인 인사가 이루어질 수 있다.
- 조직 내에서 부서 간 협조와 교류를 원활하게 하지 못하는 단점이 있다.
- 동일 직렬에 장기간 근무를 원칙으로 하기 때문에 행정의 전문화에 기여한다.
  (전문행정가 양성)
- 인력활용의 융통성을 <u>저해한다.(개방형 충원으로 신분보장X)</u>
- <u>직업공무원제의 수립을 저해한다.</u>

> **< 용어정리 >**
>
> 직위 : 1명의 공무원에게 부여할 수 있는 직무와 책임
>
> 직렬 : 직무의 종류가 유사하고 그 책임과 곤란성의 정도가 서로 다른 직급의 군
>
> 직류 : 같은 직렬 내에서 담당 분야가 같은 직무의 군
>
> 직군 : 직무의 성질이 유사한 직렬의 군
>
> 직급 : 직무의 종류·곤란성과 책임도가 상당히 유사한 직위의 군

<계급제 vs 직위분류제 비교>

구 분	계급제	직위분류제
공직 분류 기준	사람의 특성	직무의 특성
신분보장	○	×
인력활용 융통성	○	×
직업공무원제	수립에 유용	수립에 저해
인재양성	일반행정가 양성	전문행정가 양성

01
기출문제 5회

대표관료제 (representative bureaucracy) 에 관한 설명으로 옳은 것은?

① 대표관료제는 행정의 전문성과 생산성을 강화한다.
② 대표관료제의 발전은 행정의 형평성과 능률성을 제고한다.
③ 대표관료제는 공직사회 내부 구성원 상호 간 견제를 통하여 내적 통제를 강화한다.
④ 대표관료제의 관료들은 정책과정에서 자신이 속한 배경집단의 이익보다는 공익을 추구한다.
⑤ 집단보다는 개인에 역점을 두는 대표관료제는 자유주의와 부합한다.

Point!
① 대표관료제는 행정의 전문성과 생산성을 <u>약화</u>한다.
② 대표관료제의 발전은 행정의 형평성과 능률성을 <u>제고하지 못한다</u>.
④ 대표관료제의 관료들은 정책과정에서 <u>공익보다는 자신이 속한 배경집단의 이익</u>을 추구한다.
⑤ <u>개인</u>보다는 <u>집단</u>에 역점을 두는 대표관료제는 자유주의와 부합한다.

정답 ③

02
기출문제 6회

엽관주의에 관한 설명으로 옳지 않은 것은?

① 당파성이나 정치적 요인을 기준으로 공직임용이 이루어진다.
② 개인의 능력, 자격, 업적 등 실적 외의 요인에 의해 공직임용이 이루어진다는 점에서 정실주의와 유사하다.
③ 행정의 일관성, 계속성, 안정성을 저해할 수 있다.
④ 공직의 대규모 경질을 통해 공직에의 참여기회를 확대한다.
⑤ 우리나라는 엽관주의적 성격의 공직임용을 허용하지 않고 있다.

Point!
우리나라는 공식적 인사정책으로 채택한 적은 없으나, 엽관주의적 요소가 부분적으로 존재한다. 우리나라는 엽관주의적 공직 임용이 허용되고 있다.
ex 정무직, 개방형 임용, 정부산하기관의 기관장 등

정답 ⑤

03
기출문제 7회

실적주의 인사행정에 관한 설명으로 옳은 것은?

① 공무원의 정치적 중립을 어렵게 한다.
② 행정의 전문성을 저해한다.
③ 개인의 능력이나 실적을 기준으로 임용한다.
④ 빈번한 교체임용을 통해서 관료의 특권화를 막는다.
⑤ 직업공무원제 수립을 저해한다.

Point!
① 공무원의 정치적 중립이 <u>확보</u>된다.
② 행정의 전문성을 <u>확보</u>한다.
④ 신분보장으로 공무원에 대한 통제력 확보가 어렵고, <u>관료의 특권화를 초래</u>할 수 있다.
⑤ 직업공무원제 수립을 <u>촉진</u>한다.

정답 ③

04
기출문제 9회

인사행정제도에 관한 설명으로 옳지 않은 것은?

① 실적제는 개인의 객관적인 능력·자격·성적을 기준으로 공무원을 임용하는 제도이다.
② 직업공무원제도는 계급제, 일반능력자 중심의 임용, 신분보장 등을 토대로 한다.
③ 계급제는 직무를 기준으로 직무의 난이도와 책임도에 따라 직위를 분류하는 제도이다.
④ 엽관제는 정당에 대한 공헌도와 충성심에 입각하여 공무원을 임용하는 제도이다.
⑤ 대표관료제는 국민에 대한 대응성과 공직 임용의 사회적 형평성을 제고시키려는 목적을 지닌 제도이다.

> **Point!**
> 직위분류제는 직무를 기준으로 직무의 난이도와 책임도에 따라 직위를 분류하는 제도이다.
> **주의** 계급제는 인간을 기준으로 공직을 공무원 개인의 자격과 능력을 기준으로 분류하는 제도이다.

정답 ③

05
기출문제 2회

다음에 해당하는 인사관리의 유형은?

> 최근 우리나라 공공부문에 도입된 제도로서 다양한 계층의 공직진출을 확대하기 위한 방안으로 양성평등채용목표제, 장애인의무고용제, 지역인재추천채용제 등을 실시하고 있다.

① 실적주의제
② 대표관료제
③ 직업공무원제
④ 엽관주의제
⑤ 개방형 임용제

> **Point!**
> 대표관료제는 국민에 대한 대응성과 공직 임용의 사회적 형평성을 제고시키려는 목적을 지닌 제도이다.
> 우리나라의 대표관료제 제도는 양성평등채용목표제, 장애인 의무고용제 임용목표제, 지방인재채용목표제, 저소득채용목표제 등

정답 ②

06
기출문제 5회

직위분류제에 관한 설명으로 옳지 않은 것은?

① 동일한 직무에 대한 동일한 보수 지급의 원칙에 부합한다.
② 직무의 내용, 특성, 자격 등 객관적인 기준에 따라 합리적인 인사가 이루어질 수 있다.
③ 조직 내에서 부서 간 협조와 교류를 원활하게 하지 못하는 단점이 있다.
④ 장기적인 발전 가능성이나 잠재력을 중시하는 직업공무원제의 수립에 유용하다.
⑤ 동일 직렬에 장기간 근무를 원칙으로 하기 때문에 행정의 전문화에 기여한다.

> **Point!**
> 계급제는 장기적인 발전 가능성이나 잠재력을 중시하는 직업공무원제의 수립에 유용하다.

정답 ④

07

우리나라 공직 혹은 공무원의 분류·관리에 관한 설명으로 옳은 것을 모두 고른 것은?

> ㄱ. 직위분류제를 근간으로 하면서 계급제적 요소를 부분적으로 도입하고 있다.
> ㄴ. 계급제는 사람의 특성에 따라, 직위분류제는 직무의 특성에 따라 공직을 분류한다.
> ㄷ. 계급제는 공무원의 신분보장과 직업공무원제 확립에 유리하며, 직위분류제는 인력활용의 융통성을 높여준다.
> ㄹ. 고위공무원단에 소속된 공무원은 계급이 없는 대신 담당직무의 등급에 따라 그 직위가 결정된다.
> ㅁ. 전문경력관은 일반직공무원이지만, 계급 구분과 직군·직렬 분류가 적용되지 않는다.

① ㄱ, ㄴ, ㄷ
② ㄴ, ㄷ, ㄹ
③ ㄴ, ㄷ, ㅁ
④ ㄴ, ㄹ, ㅁ
⑤ ㄷ, ㄹ, ㅁ

Point!

ㄱ. 우리나라는 <u>계급제를 근간으로 하면서 직위분류제적 요소</u>를 부분적으로 도입하고 있다.
ㄷ. 계급제는 공무원의 신분보장과 직업공무원제 확립에 유리하며, 직위분류제는 인력활용의 융통성을 <u>저해한다</u>.

정답 ④

Topic 18 우리나라 공무원의 시보임용 및 근무성적평가

> **출제유형**
> 1. 인사행정의 임용에 관련하여 우리나라 공무원의 시보임용제도에 대해 정리한다.(「국가공무원법」 제29조)
> 2. 인사행정의 성과관리에서 다면평정에 대해 암기한다
> 3. 인사행정의 성과관리에서 근무성적 평정 방법 및 오류에 대해 꼼꼼히 정리한다.

Ⅰ. 공무원의 시보임용제도

1. 의의
- 공무원시험에 합격한 사람들의 공직 적격성을 심사하고 공무원 실무능력 배양을 위해 존재한다.
- 시보임용은 공무원으로서 적격성 여부를 판단하는 선발과정의 일부이다.

2. 「국가공무원법」 제29조(시보임용)

> 「국가공무원법」 제29조(시보 임용)
> ① 5급 공무원을 신규 채용하는 경우에는 1년, 6급 이하의 공무원을 신규 채용하는 경우에는 6개월간 각각 시보(試補)로 임용하고 그 기간의 근무성적·교육훈련성적과 공무원으로서의 자질을 고려하여 정규 공무원으로 임용한다. 다만, 대통령령등으로 정하는 경우에는 시보 임용을 면제하거나 그 기간을 단축할 수 있다.
> ② 휴직한 기간, 직위해제 기간 및 징계에 따른 정직이나 감봉 처분을 받은 기간은 제1항의 시보 임용 기간에 넣어 계산하지 아니한다.
> ③ 시보 임용 기간 중에 있는 공무원이 근무성적·교육훈련성적이 나쁘거나 이 법 또는 이 법에 따른 명령을 위반하여 공무원으로서의 자질이 부족하다고 판단되는 경우에는 제68조와 제70조에도 불구하고 면직시키거나 면직을 제청할 수 있다. 이 경우 구체적인 사유 및 절차 등에 필요한 사항은 대통령령등으로 정한다.

3. 특징
- 시보기간은 5급 공무원을 신규 채용하는 경우에는 1년, 6급 이하의 공무원을 신규 채용하는 경우에는 6개월이다
- 시보기간 중 근무성적이 좋으면 정규공무원으로 임용한다.

- 시보기간 중 교육훈련 성적이 나쁘거나 공무원으로서의 자질이 부족하다고 판단되는 경우 면직될 수 있다.
- 시보기간 중 휴직한 기간, 직위해제 기간 및 징계에 따른 정직이나 감봉 처분을 받은 기간은 시보 임용 기간에 산입되지 않는다.
- 시보기간은 시보공무원에게 행정실무의 습득기회를 제공하는 것이다.
- 임용권자는 시보임용 기간 중에 있는 공무원의 근무상황을 항상 지도·감독하여야 한다. 〈공무원 임용령 제 23조(시보임용)〉

Ⅱ. 인사행정의 성과관리

1. 다면평가제

1) 개념

다수의 평가자(감독자뿐만 아니라 부하, 동료, 민원인 포함)가 평정 주체로 평가하는 방식이다.

2) 특징
- 조직구성원 간 원활한 커뮤니케이션을 통해 상호 이해의 폭을 넓힐 수 있다.
- 다면평가를 통해 능력과 성과중심의 인사관리가 이루어질 경우, 개인의 행태변화에 긍정적인 영향을 미친다.
- 개인평가에 있어서 다면평가를 통해 인사고과에 대한 객관성과 공정성을 높일 수 있다.
- 평과결과는 구성원에 대한 보상과 개인별 역량개발 및 교육훈련 등에 활용될 수 있다.
- 평과결과는 승진이나 전보, 성과급 지급 등에는 활용되지 않고 참고 자료로만 활용된다.
- 단점 : 조직 내 구성원 간의 갈등 초래 및 신뢰성을 저하시킬 수 있다.

2. 근무성적 평정

1) 우리나라 근무성적 평가의 대상

5급 이하의 공무원 : 근무성적평가

주의! 4급 이상의 공무원 : 성과 계약 등 평가

2) 근무성적 평정 방법

유형	내용
도표식 평정척도법	• 직무수행실적, 능력 등 평정요소를 나열하고 각 평정 요소마다 우열의 등급을 표시하는 평정표를 사용하는 방법 • 가장 널리 사용하는 방법(우리나라 5급 이하 공무원 등 평정에 이용)
서열법	• 피평정자 간 근무성적을 비교하여 서열로 표시하는 방법
목표관리제 평정법	• 상하급자 간 협의를 통해 목표를 설정하고 결과를 목표달성도에 따라 평가 및 환류하는 방법
행태기준 평정척도법	• 직무분석에 기초하여 직무와 주요과업 분야를 선정하고 바람직한 행태부터 바람직하지 못한 행태까지 등급을 구분하고, 각 등급마다 중요행태를 기술하고 점수를 할당하는 방법 • 도표식 평정척도법과 중요사건 기록법의 한계를 보완
중요 사건 기록법	• 평정자가 피평정자의 근무실적에 큰 영향을 주는 중요 사건들을 기술하게 하는 등의 방식으로 중요 사건기록을 중심으로 평정하는 방법

심화! 강제배분법 : 피평정자의 성적분포가 과도하게 집중되거나 관대화되는 것을 막기 위해 성적 분포를 미리 정해 놓는 방법, 평정자의 편견이나 집중화 등의 오류를 방지할 수 있다.

3) 근무성적 평정 오류

종류	내용
체계적(규칙적) 오류 (systematic error)	• 어떤 평정자가 다른 평정자보다 항상 관대화 또는 엄격화 경향을 보이는 오류
연쇄효과로 인한 오류 (halo effect error)	• 한 평정 요소에 대한 판단이 연쇄적으로 다른 요소 평정에 영향을 주는 오류 • 현혹효과, 후광효과
선입견에 의한 오류 (personal bias error)	• 평정의 요소와 관계 없는 성별, 연령, 출신 등 편견이 평정에 영향을 주는 오류 • 고정관념에 의한 오류, 스테레오타입, 상동적오차
집중화 오류 (central tendency error)	• 평정자가 피평정자를 모두에게 대부분 높거나 낮은 평점을 피하려는 경향으로 중간 수준의 점수를 주는 오류
총계적 오류 (total error)	• 평정자의 평정기준이 일정치 않아 관대화 및 엄격화 경향이 불규칙하게 나타나는 오류

심화! 관대화 오류 : 평정 결과의 분포가 우수한 쪽에 집중되는 경향
엄격화 오류 : 평정 결과의 분포가 낮은 쪽에 집중되는 경향

심화! 집중화, 관대화, 엄격화 오류의 방지 대책으로 강제배분법을 적용

Ⅲ. 승진

1. 개념
하위 직급에서 상위 직급으로 상향 이동하는 것

2. 특징
- 내부 임용의 한 종류이다.(외부임용 : 공개경쟁채용, 경력경쟁채용)
- 수직적 이동이다.(수평적 이동 : 배치 전환)
- 수직적 이동인 강임(징계 X)은 승진과 달리 같은 직렬 내에서 하위직급으로 하향적으로 이동하는 것이다.

3. 특별승진

> 「국가공무원법」 제40조의4(우수 공무원 등의 특별승진)
> ① 공무원이 다음 각 호의 어느 하나에 해당하면 제40조 및 제40조의2에도 불구하고 특별승진임용하거나 일반 승진시험에 우선 응시하게 할 수 있다.
>   1. 청렴하고 투철한 봉사 정신으로 직무에 모든 힘을 다하여 공무 집행의 공정성을 유지하고 깨끗한 공직 사회를 구현하는 데에 다른 공무원의 귀감(龜鑑)이 되는 자
>   2. 직무수행 능력이 탁월하여 행정 발전에 큰 공헌을 한 자
>   3. 제53조에 따른 제안의 채택·시행으로 국가 예산을 절감하는 등 행정 운영 발전에 뚜렷한 실적이 있는 자
>   4. 재직 중 공적이 특히 뚜렷한 자가 제74조의2에 따라 명예퇴직 할 때
>   5. 재직 중 공적이 특히 뚜렷한 자가 공무로 사망한 때
> ② 특별승진의 요건, 그 밖에 필요한 사항은 대통령령등으로 정한다.

01
기출문제 1회

우리나라 공무원의 시보임용에 관한 설명으로 옳지 않은 것은?

① 임용권자는 시보임용 기간 중에 있는 공무원의 근무상황을 항상 지도·감독하여야 한다.
② 시보기간 중 근무성적이 좋으면 정규공무원으로 임용한다.
③ 시보기간은 시보공무원에게 행정실무의 습득기회를 제공하는 것이다.
④ 시보임용은 공무원으로서 적격성 여부를 판단하는 선발과정의 일부이다.
⑤ 시보공무원은 일종의 교육훈련 과정으로 교육에만 전념할 수 있도록 정규 공무원과 동일하게 공무원 신분을 보장한다.

Point!
시보공무원은 정규 공무원과 동일하게 신분을 보장하지 않는다.

「국가공무원법」 제29조(시보 임용)
① 5급 공무원을 신규 채용하는 경우에는 1년, 6급 이하의 공무원을 신규 채용하는 경우에는 6개월간 각각 시보(試補)로 임용하고 그 기간의 근무성적·교육훈련성적과 공무원으로서의 자질을 고려하여 정규 공무원으로 임용한다. 다만, 대통령령등으로 정하는 경우에는 시보 임용을 면제하거나 그 기간을 단축할 수 있다.
② 휴직한 기간, 직위해제 기간 및 징계에 따른 정직이나 감봉 처분을 받은 기간은 제1항의 시보 임용 기간에 넣어 계산하지 아니한다.
③ 시보 임용 기간 중에 있는 공무원이 근무성적·교육훈련성적이 나쁘거나 이 법 또는 이 법에 따른 명령을 위반하여 공무원으로서의 자질이 부족하다고 판단되는 경우에는 제68조와 제70조에도 불구하고 면직시키거나 면직을 제청할 수 있다. 이 경우 구체적인 사유 및 절차 등에 필요한 사항은 대통령령등으로 정한다.

정답 ⑤

02
기출문제 8회

우리나라 공무원 시보임용제도에 관한 설명으로 옳지 않은 것은?

① 공무원시험에 합격한 사람들의 공직 적격성을 심사하고 공무원 실무능력 배양을 위해 존재한다.
② 「국가공무원법」에 의하면 공무원의 시보기간은 3개월이다.
③ 시보기간 중 근무성적이 좋으면 정규공무원으로 임용한다.
④ 시보기간 중 교육훈련 성적이 나쁘거나 공무원으로서의 자질이 부족하다고 판단되는 경우 면직될 수 있다.
⑤ 시보기간 중 휴직한 기간, 직위해제 기간 및 징계에 따른 정직이나 감봉 처분을 받은 기간은 시보 임용 기간에 산입되지 않는다.

Point!
「국가공무원법」 제29조에 의한 시보기간은 5급 공무원을 신규 채용하는 경우에는 1년, 6급 이하의 공무원을 신규 채용하는 경우에는 6개월이다.

정답 ②

03

기출문제 2회

공무원에 대한 다면평가 방식의 장점과 유용성에 관한 설명으로 옳지 않은 것은?

① 조직구성원 간 원활한 커뮤니케이션을 통해 상호 이해의 폭을 넓힐 수 있다.
② 다면평가를 통해 능력과 성과중심의 인사관리가 이루어질 경우, 개인의 행태변화에 긍정적인 영향을 미친다.
③ 개인평가에 있어서 다면평가를 통해 인사고과에 대한 객관성과 공정성을 높일 수 있다.
④ 평과결과는 구성원에 대한 보상과 개인별 역량개발 및 교육훈련 등에 활용될 수 있다.
⑤ 다면평가는 조직 내 구성원 간의 갈등 해소 및 신뢰성을 제고하고, 그 평과결과는 승진이나 전보, 성과급 지급 등에 활용해야 한다.

Point!
다면평가는 조직 내 구성원 간의 갈등 초래 및 신뢰성을 저하시킬 수 있고, 최근 그 평과결과는 역량개발, 교육훈련 등에 활용하고 승진이나 전보, 성과급 지급 등에는 활용되지 않고 참고 자료로만 활용된다.

정답 ⑤

04

기출문제 9회

다음에서 설명하는 근무성적평정방법은?

- 주요과업 분야별로 바람직한 행태의 유형 및 등급을 구분·제시한 뒤, 평정대상자의 행태를 관찰하여 해당사항에 표시하게 하는 방법이다.
- 척도의 설계과정에 평정대상자를 공동으로 참여하게 함으로써 평정에 대한 신뢰와 적극적인 관심을 기대할 수 있다.
- 직무가 다르면 별개의 평정양식이 있어야 하는 등 개발에 많은 시간과 비용이 요구된다.

① 중요 사건 기록법
② 행태기준 평정척도법
③ 서열법
④ 목표관리제 평정법
⑤ 도표식 평정척도법

Point!
행태기준 평정척도법은 직무분석에 기초하여 직무와 주요과업 분야를 선정하고 바람직한 행태부터 바람직하지 못한 행태까지 등급을 구분하고, 각 등급마다 중요행태를 기술하고 점수를 할당한다.

정답 ②

05 기출문제 3회

근무성적 평정 시 평점자의 평정기준이 일정치 않아 관대화 및 엄격화 경향이 불규칙하게 나타나는 오류는?

① 체계적 오류(systematic error)
② 연쇄효과로 인한 오류(halo effect error)
③ 선입견에 의한 오류(personal bias error)
④ 집중화 오류(central tendency error)
⑤ 총계적 오류(total error)

> **Point!**
> **주의** 근무성적 평정 시 오류를 꼼꼼히 정리한다

정답 ⑤

06 기출문제 9회

「국가공무원법」상 우수 공무원으로 특별승진임용하거나 일반 승진시험에 우선 응시하게 할 수 있는 경우에 해당하지 않는 것은?

① 청렴하고 투철한 봉사 정신으로 직무에 모든 힘을 다하여 공무 집행의 공정성을 유지하고 깨끗한 공직 사회를 구현하는 데에 다른 공무원의 귀감이 되는 자
② 공무원으로 10년 이상 근속하고, 정년 전에 스스로 퇴직 할 때
③ 직무수행 능력이 탁월하여 행정 발전에 큰 공헌을 한 자
④ 제안제도의 운영에 있어서 제안의 채택·시행으로 국가 예산을 절감하는 등 행정 운영 발전에 뚜렷한 실적이 있는 자
⑤ 재직 중 공적이 특히 뚜렷한 자가 공무로 사망한 때

> **Point!**
> 「국가공무원법」제40조의4(우수 공무원 등의 특별승진)을 정리한다.
>
> **「국가공무원법」제40조의4(우수 공무원 등의 특별승진)**
> ① 공무원이 다음 각 호의 어느 하나에 해당하면 제40조 및 제40조의2에도 불구하고 특별승진임용하거나 일반 승진시험에 우선 응시하게 할 수 있다.
>   1. 청렴하고 투철한 봉사 정신으로 직무에 모든 힘을 다하여 공무 집행의 공정성을 유지하고 깨끗한 공직 사회를 구현하는 데에 다른 공무원의 귀감(龜鑑)이 되는 자
>   2. 직무수행 능력이 탁월하여 행정 발전에 큰 공헌을 한 자
>   3. 제53조에 따른 제안의 채택·시행으로 국가 예산을 절감하는 등 행정 운영 발전에 뚜렷한 실적이 있는 자
>   4. 재직 중 공적이 특히 뚜렷한 자가 제74조의2에 따라 명예퇴직 할 때
>   5. 재직 중 공적이 특히 뚜렷한 자가 공무로 사망한 때
> ② 특별승진의 요건, 그 밖에 필요한 사항은 대통령령 등으로 정한다.

정답 ②

Topic 19 공직부패 및 징계

> **출제유형**
> 1. 내부고발에 대해 정리한다.
> 2. 공직부패의 개념 및 유형을 암기한다.
> 3. 공무원법상 징계의 종류 및 특징을 비교하여 헷갈리지 않도록 암기한다.

Ⅰ. 내부고발

1. 개념
조직 내부의 비리를 대외적으로 폭로하는 외부적 행위이다.

2. 특징
- 대상은 일반적으로 조직 내에서 행해진 비윤리적 행위이다.
- 내부고발의 대상이 되는 문제를 조직 내에서 해결할 장치가 없거나 제대로 작동되지 않을 때 주로 일어난다.
- 내부고발제 실시로 조직 내에서 부패에 대한 경각심 확대와 부패 억제 효과가 기대된다.
- 현재 우리나라에는 내부고발자를 보호하는 관련 법률이 있다.(관련 법률 : 부패방지 및 국민권익위원회의 설치와 운영에 관한 법률)

Ⅱ. 공직부패

1. 접근법
- 제도적 접근법 : 행정통제 장치의 미비는 공무원 부패의 주요 원인이다.
- 사회문화적 접근법 : 공직부패의 원인을 사회적 문화환경으로 설명한다.
- <u>체제론적 접근법</u> : 공직부패의 원인에 대하여 문화적 특성, 제도상 결함, 구조상 모순 등 다양한 요인으로 설명한다.
- <u>도덕적 접근법</u> : 부패의 원인을 주로 개인들의 윤리의식과 자질에서 찾는다.

2. 유형

1) 부패의 제도화 정도
- 제도화된 부패 : 부패 공직자가 죄의식 없이 조직의 옹호를 받도록 관행화된 부패
- 우발적 부패(일탈형 부패) : 사건 자체의 연속성이 없으며 구조화되지 않은 부패

2) 부패에 대한 사회 구성원의 용인가능성
- 백색부패 : 사익을 추구하지 않는 부패의 유형이다. 부패행위로 규정될 수 있으나 사회구성원의 다수가 어느 정도 용인하는 관례화된 부패로서 사회 체제에 심각한 파괴적 영향을 미치지 않는다.
- 흑색부패 : 사회 체제에 명백하고 심각한 해를 끼치는 부패로 구성원 모두가 처벌을 원하는 부패
- 회색부패 : 사회 구성원 가운데 일부 집단은 처벌을 원하지만 다른 일부는 처벌을 원하지 않는 부패

III. 강임
- 강임은 결원을 보충하는 방법의 하나이다.
- 강임은 직위가 폐직되거나 하위의 직위로 변경되어 과원이 된 경우에 이루어진다.
- 강임된 공무원은 상위 직급에 결원이 생기면 우선승진의 대상이 된다.
- 공무원 본인이 동의하지 않으면 강임할 수 없다.
- 강임은 징계처분이 아닌 수직적 인사이동이다.

IV. 강등
징계의 수단으로 강등이 제도적으로 인정되고 있다.

V. 직위해제

1. 개념
공무원이 일정한 사유에 해당되었을 때 공무원의 신분은 유지하지만 직위를 부여하지 않는 임용 행위이다.

> **주의** 징계는 아니다.

2. 직위해제 사유
- 직무수행 능력이 부족한 자
- 근무성적이 극히 나쁜 자

- 파면 후 해임에 해당하는 징계의결이 요구 중인 자
- 정직에 해당하는 징계의결이 요구 중인 자
- 고위공무원단에 속하는 일반직공무원으로서 적격심사를 요구받은 자

    심화! 직권면직 : 공무원이 일정한 사유에 해당되었을 때 본인의사와 상관없이 임용권자가 직권으로 신분을 박탈하는 제도이다.

    주의! 징계는 아니다.

VI. 징계

- 징계는 파면·해임·강등·정직·감봉·견책으로 구분한다.(징계는 6가지이다.)
- 파면은 5년 동안 공무원으로 임용될 수 없으며 퇴직 급여액의 1/2 삭감한다.
- 해임은 3년 동안 공무원으로 임용될 수 없으며 연금법상 불이익은 없다.
- 강등은 1계급 아래로 직급을 내리고 공무원 신분은 유지하나 3개월 간 직무에 종사하지 못하며 그 기간 중 보수의 전액을 감하는 처분이다.
- 정직은 1개월 이상 3개월 이하의 기간으로 하고, 그 기간 중 보수는 전액을 감한다.
- 감봉은 1개월 이상 3개월 이하의 기간 동안 보수의 3분의 1을 감한다.
- 견책은 전과에 대하여 훈계하고 회개하게 한다.
- 징계로 해임처분을 받은 때부터 3년이 지나지 아니한 자는 공무원으로 임용될 수 없다.

01

기출문제 9회

내부고발에 관한 설명으로 옳지 않은 것은?

① 내부고발의 대상은 일반적으로 조직 내에서 행해진 비윤리적 행위이다.
② 내부고발의 대상이 되는 문제를 조직 내에서 해결할 장치가 없거나 제대로 작동되지 않을 때 주로 일어난다.
③ 내부고발은 조직 내부의 비리를 대외적으로 폭로하는 외부적 행위이다.
④ 내부고발제 실시로 조직 내에서 부패에 대한 경각심 확대와 부패 억제 효과가 기대된다.
⑤ 현재 우리나라에는 내부고발자를 보호하는 관련 법률이 없다.

Point!
현재 우리나라에는 내부고발자를 보호하는 관련 법률이 있다.(관련 법률 : 부패방지 및 국민권익위원회의 설치와 운영에 관한 법률)

정답 ⑤

02

기출문제 5회

다음에서 설명하는 부패의 종류는?

- 부패행위로 규정될 수 있으나 사회구성원의 다수가 어느 정도 용인하는 관례화된 부패로서 사회 체제에 심각한 파괴적 영향을 미치지 않는다.
- 금융위기가 심각함에도 불구하고 국민들의 동요나 기업 활동의 위축을 방지하기 위해 금융위기가 전혀 없다고 관련 공무원들이 거짓말을 하는 것과 같이 공무원이 사적인 이익을 취하기 위해서가 아니라, 경제안정 등과 같이 공익을 위한 목적으로 행한다.

① 백색부패
② 일탈형 부패
③ 흑색부패
④ 제도화된 부패
⑤ 회색부패

Point!
주의 부패의 유형에 대해 꼼꼼히 정리한다.

정답 ①

03

기출문제 7회

공직부패에 관한 설명으로 옳은 것은?

① 사회문화적 접근법은 공직부패의 원인에 대하여 문화적 특성, 제도상 결함, 구조상 모순 등 다양한 요인으로 설명한다.
② 체제론적 접근법은 부패의 원인을 주로 개인들의 윤리의식과 자질에서 찾는다.
③ 제도적 접근법에서 행정통제 장치의 미비는 공무원 부패의 주요 원인이다.
④ 백색부패는 부당하게 사익을 추구하는 부패의 유형이다.
⑤ 부패의 제도화 정도에 따라 거래형 부패와 사기형 부패로 나눌 수 있다.

Point!
① 체제론적 접근법은 공직부패의 원인에 대하여 문화적 특성, 제도상 결함, 구조상 모순 등 다양한 요인으로 설명한다.
② 도덕적 접근법은 부패의 원인을 주로 개인들의 윤리의식과 자질에서 찾는다.
④ 백색부패는 사익을 추구하지 않는 부패의 유형이다.
⑤ 부패의 제도화 정도에 따라 제도화된 부패와 우발적 부패로 나눌 수 있다.

정답 ③

04
기출문제 6회

우리나라 「국가공무원법」상 임용에 관한 설명으로 옳은 것은?

① 강임은 징계처분에 의한 수직적 인사이동이다.
② 전직이란 직렬을 달리하는 임명을 말한다.
③ 실무 수습 중인 채용후보자는 형법에 따른 벌칙을 적용할 때 공무원으로 보지 않는다.
④ 개방형 직위는 해당 기관 내·외부의 공무원 중에서 직무수행 적격자를 선발·임용하는 제도이다.
⑤ 공모 직위는 특정 직위에 결원이 발생하면 공직 내외를 불문하고 공개모집에 의해 적격자를 선발·임용하는 제도이다.

Point!
① 강임은 징계처분이 아닌 수직적 인사이동이다.
  오답주의! 강등이 징계이다.
③ 실무 수습 중인 채용후보자는 형법에 따른 벌칙을 적용할 때 공무원으로 본다.
④ 공모 직위는 해당 기관 내·외부의 공무원 중에서 직무수행 적격자를 선발·임용하는 제도이다.
⑤ 개방형 직위는 특정 직위에 결원이 발생하면 공직 내외를 불문하고 공개모집에 의해 적격자를 선발·임용하는 제도이다.

정답 ②

05
기출문제 3회

「국가공무원법」상에 규정된 직위해제 사유에 해당되지 않는 자는?

① 직무수행 능력이 부족한 자
② 휴직 사유가 소멸된 후에도 직무에 복귀하지 않은 자
③ 근무성적이 극히 나쁜 자
④ 파면 후 해임에 해당하는 징계의결이 요구 중인 자
⑤ 정직에 해당하는 징계의결이 요구 중인 자

Point!
휴직 사유가 소멸된 후에도 직무에 복귀하지 않은 자는 직권면직 사유에 해당한다.
주의! 강임, 직권면직, 직위해제 모두 징계가 아니다.

정답 ②

06
기출문제 4회

공무원의 강등과 강임에 관한 설명으로 옳은 것은?

① 강등은 직위가 폐직되거나 하위의 직위로 변경되어 과원이 된 경우에 이루어진다.
② 강임은 결원을 보충하는 방법의 하나이다.
③ 강등된 공무원은 상위 직급에 결원이 생기면 우선승진의 대상이 된다.
④ 공무원 본인이 동의하지 않으면 강등할 수 없다.
⑤ 징계의 수단으로 강임이 제도적으로 인정되고 있다.

Point!
① 강임은 직위가 폐직되거나 하위의 직위로 변경되어 과원이 된 경우에 이루어 진다.
③ 강임된 공무원은 상위 직급에 결원이 생기면 우선승진의 대상이 된다.
④ 공무원 본인이 동의하지 않으면 강임할 수 없다.
⑤ 징계의 수단으로 강등이 제도적으로 인정되고 있다.

정답 ②

07

기출문제 7회

「국가공무원법」상 공무원의 징계에 관한 설명으로 옳지 않은 것은?

① 징계는 파면·해임·강등·정직·감봉·견책으로 구분한다.
② 정직은 1개월 이상 3개월 이하의 기간으로 하고, 그 기간 중 보수는 3분의 2를 감한다.
③ 감봉은 1개월 이상 3개월 이하의 기간 동안 보수의 3분의 1을 감한다.
④ 견책은 전과에 대하여 훈계하고 회개하게 한다.
⑤ 징계로 해임처분을 받은 때부터 3년이 지나지 아니한 자는 공무원으로 임용될 수 없다.

> **Point!**
> 정직은 1개월 이상 3개월 이하의 기간으로 하고, 그 기간 중 보수는 전액을 감한다.

정답 ②

Topic 20 예산의 원칙 및 예산제도

> **출제유형**
> 1. 전통적 예산원칙 vs 현대적 예산원칙의 특징을 비교하여 정리한다. 특히, 전통적 예산의 원칙과 예외를 중심으로 암기한다.
> 2. 예산제도는 자주 출제되는 내용으로 각 예산제도를 비교하여 꼼꼼히 공부한다.

Ⅰ. 예산의 원칙

1. 예산의 개념
국가의 세입·세출예산으로서 1회계연도(1.1~12.31)의 예정된 계획을 의미

2. 예산의 원칙 구분

1) 전통적 예산원칙 : 입법부 우위, 통제 지향적
   ① 사전의결의 원칙
      = 사전승인의 원칙
      - 의미 : 예산이 집행되기 전에 의회에서 사전에 의결해야한다는 원칙
      - 예외 : 준예산, 전용, 긴급명령 등
   ② 공개성의 원칙
      - 의미 : 국민에게 예산과정을 공개해야한다는 원칙
      - 예외 : 국가정보원 예산 등
   ③ 통일성의 원칙
      - 의미 : 특정 수입과 특정 지출의 연계를 금지한다는 원칙
      - 예외 : 목적세, 수입대체경비 등
   ④ 한정성의 원칙
      - 의미 : 주어진 예산의 목적, 규모, 시간에 따라 집행되어야 한다는 원칙
        (목적 - 목적 외 사용 금지, 규모 - 초과지출 금지, 시간 - 회계연도의 독립)
      - 예외 : 예비비, 추가경정예산, 이용과 전용 등
   ⑤ 완전성의 원칙(「국가재정법」 제17조 규정)
      = 예산총계주의 원칙 = 포괄성 원칙
      - 의미 : 모든 세입과 세출은 예산에 명시적으로 나열되어 있어야 한다는 원칙
      - 예외 : 전대차관, 현물출자, 수입대체경비 등

⑥ 엄밀성의 원칙
- = 정확성의 원칙
- 의미 : 정부는 국민들에게 필요 이상의 돈을 거두어서는 안 되며 계획대로 정확히 지출해야 한다는 원칙(∴예산 = 결산)
- 예외 : 적자 발생 등

⑦ 명료성의 원칙
- = 명확성의 원칙
- 의미 : 국민들이 쉽게 이해할 수 있도록 단순해야한다는 원칙
- 예외 : 총액계상예산

⑧ 단일성의 원칙
- 의미 : 정부의 재정활동을 쉽게 알 수 있도록 단일 예산으로 해야한다는 원칙
- 예외 : 추가경정예산, 특별회계, 기금 등

2) 현대적 예산원칙 : 행정부 우위, 신축 지향적

① 예산관리수단 확보의 원칙
행정부는 예산에 관한 책임을 이행하기 위해 적절한 수단을 구비해야한다는 원칙

② 보고의 원칙
예산의 편성, 심의, 집행은 행정부의 보고에 기초를 두어야한다는 원칙

③ 사업계획의 원칙(행정부 계획의 원칙)
행정부는 사업계획과 예산 편성을 유기적으로 연계해야하며, 행정부는 계획된 예산을 경제적으로 집행해야 할 책임이 있다는 원칙

④ 시기신축성의 원칙
예산은 상황여건의 변화에 따라 예산 집행의 시기를 적절히 조정할 수 있어야 한다는 원칙

⑤ 책임의 원칙(행정부 책임의 원칙)
행정부는 계획된 예산을 경제적으로 집행할 책임이 있다는 원칙

⑥ 다원적 절차의 원칙
다양한 행정활동을 효율적으로 관리하기 위해서 다원적 예산 절차가 필요하다는 원칙

⑦ 행정부 재량의 원칙
행정부의 재량 범위를 넓혀야 한다는 원칙

⑧ 예산기구 의사소통의 원칙
중앙예산기관과 각 부처의 예산기구 간에 상호 활발한 의사소통으로 협력적 관계가 확립되어야 한다는 원칙

Ⅱ. 예산제도

1. 품목별 예산제도(Line-Item Budgeting System : LIBS)

1) 개념

　　예산 편성시 지출 대상 품목별로 예산을 배정하는 제도

2) 장점
- 예산의 유용이나 남용을 방지하는 데 도움이 된다.
- 투입지향적 예산제도이다.
- 기획지향적이라기보다는 통제지향적이다.
- 상대적으로 의회의 예산심의가 용이하다.

3) 단점
- 정책 및 사업의 우선순위를 파악하기 어렵다.
- 예산을 집행 할 때 신축성 제약이 존재한다.

2. 성과주의 예산제도(Performance Budgeting System : PBS)
- 기능별, 활동별, 사업별로 예산과목을 편성하여 예산 투입과 정부의 산출을 연계시키는 제도
- 성과주의 예산 = 단위 원가 × 업무량

3. 계획예산(Planing Programming Budgeting System : PPBS)
- 장기적 계획수립과 단기적 예산편성을 프로그램을 통해 유기적으로 연결시켜 합리적으로 자원을 배분하는 예산제도
- 합리주의, 총체주의, 하향적 예산제도

4. 목표관리 예산제도(Management by Objectives : MBO)
- 참여를 통해 설정한 세부사업의 목표를 예산 편성과 연계하는 제도
- 결과지향, 참여적 예산제도

5. 영기준예산(Zero-Base Budget : ZBB)
- 매년 예산 편성시 영(Zero)에서 시작하여 정부의 모든 사업을 근본적으로 새로 평가하여 우선순위를 정하여 예산을 편성하는 예산제도
- 합리주의, 총체주의, 상향적 예산제도

　　　주의 계획예산은 하향적 예산제도

　　　심화 일몰제 : 입법기관이 따로 조치를 취하지 않는 한 정부의 사업 또는 조직이 미리 정한 기간이 지나면 자동적으로 폐지 또는 폐기되도록 하는 제도

6. 신성과주의 예산제도(New Performance Bugeting System : NPBS)
- 투입요소 중심이 아니라 산출 또는 성과를 중심으로 예산을 운용하는 제도
- 예산집행에서의 자율성을 부여하되, 성과평가와의 연계를 통해 책임성을 확보
- 결과지향 예산제도

심화! 예산제도의 등장 순서

품목별예산(LIBS) : 통제 지향 → 성과주의예산(PBS) : 관리 지향 → 계획예산(PPBS) : 계획 지향 → 영기준예산(ZBB) : 감축관리 지향 → 신성과주의예산(NPBS) : 결과 지향

7. 성인지예산제도(「국가재정법」 26조 규정)
- 2010회계연도부터 우리나라 정부예산에 실제 시행
- 예산이 남성뿐만 아니라 여성에게 미치는 효과를 분석하여 양성평등을 위한 예산집행을 추구
- 성인지 예산서에 성평등 기대효과, 성과목표, 성별 수혜분석 등을 포함하여야 한다.
- 양성평등을 위한 정책의 결과(성인지예산서 작성)와 과정(예산의 성별 영향 분석과정)을 동시에 추구
- 예산과정에 대한 성 주류화의 적용으로 양성평등을 위한 실질적인 예산배분의 변화를 추구

01
기출문제 2회

행정부 우위의 현대적 예산원칙에 해당되는 것을 모두 고른 것은?

> ㄱ. 사전승인의 원칙
> ㄴ. 예산관리수단 확보의 원칙
> ㄷ. 보고의 원칙
> ㄹ. 엄밀성의 원칙
> ㅁ. 사업계획의 원칙
> ㅂ. 한정성의 원칙
> ㅅ. 시기신축성의 원칙
> ㅇ. 책임의 원칙
> ㅈ. 명료성의 원칙

① ㄱ, ㄴ, ㄹ, ㅇ, ㅈ
② ㄱ, ㄷ, ㄹ, ㅁ, ㅇ
③ ㄴ, ㄷ, ㅁ, ㅅ, ㅇ
④ ㄴ, ㄷ, ㅁ, ㅂ, ㅈ
⑤ ㄷ, ㄹ, ㅁ, ㅂ, ㅅ

Point!
전통적 원칙과 현대적 원칙을 구분한다.
현대적 예산원칙 : ㄴ, ㄷ, ㅁ, ㅅ, ㅇ
전통적 예산원칙 : ㄱ, ㄹ, ㅂ, ㅈ

정답 ③

02
기출문제 11회

전통적 예산원칙과 대비되는 현대적 예산원칙으로 옳은 것을 모두 고른 것은?

> ㄱ. 사업계획과 예산편성은 유기적으로 이루어져야 하고 계획된 예산은 경제적으로 집행해야 한다.
> ㄴ. 국민에게 필요 이상의 돈을 거두어서는 안 되며 계획대로 정확히 지출해야 한다.
> ㄷ. 예산의 편성, 심의, 집행은 공식적인 보고에 기초를 두어야 한다.
> ㄹ. 예산구조나 과목은 국민들이 이해하기 쉽게 단순해야 한다.

① ㄱ, ㄴ   ② ㄱ, ㄷ   ③ ㄴ, ㄷ
④ ㄴ, ㄹ   ⑤ ㄷ, ㄹ

Point!
ㄱ. 현대적 예산원칙 (사업계획의 원칙)
ㄴ. 전통적 예산원칙 (엄밀성의 원칙)
ㄷ. 현대적 예산원칙 (보고의 원칙)
ㄹ. 전통적 예산원칙 (명료성의 원칙)

정답 ②

03
기출문제 5회

다음에서 설명하는 예산원칙은?

「국가재정법」제17조
① 한 회계연도의 모든 수입을 세입으로 하고, 모든 지출을 세출로 한다.
② 제53조에 규정된 사항을 제외하고는 세입과 세출은 모두 예산에 계상하여야 한다.

① 예산총계주의 원칙
② 예산사전의결의 원칙
③ 예산통일의 원칙
④ 예산한정성의 원칙
⑤ 예산공개의 원칙

Point!

예산총계주의 원칙(= 완전성의 원칙 = 포괄성 원칙)
: 모든 세입과 세출은 예산에 명시적으로 나열되어 있어야 한다는 원칙

예외 전대차관, 현물출자 등

정답 ①

04
기출문제 7회

예산의 일반 원칙과 예외 사항이 옳게 묶인 것은?

① 사전의결의 원칙 – 목적세
② 공개성의 원칙 – 수입대체경비
③ 통일성의 원칙 – 추가경정예산
④ 한정성의 원칙 – 준예산
⑤ 완전성의 원칙 – 전대차관

Point!

① 통일성의 원칙 – 목적세
② 통일성의 원칙 – 수입대체경비
③ 단일성의 원칙 – 추가경정예산
④ 사전의결의 원칙 – 준예산

정답 ⑤

05
기출문제 3회

품목별예산제도에 관한 설명으로 옳지 않은 것은?

① 예산의 유용이나 남용을 방지하는 데 도움이 된다.
② 투입지향적 예산제도이다.
③ 정부사업의 우선순위 파악이 용이하다.
④ 기획지향적이라기보다는 통제지향적이다.
⑤ 의회의 예산심의가 용이하다.

Point!

품목별예산제도는 지출 대상 품목별로 예산을 편성하기 때문에 예산 항목에만 관심을 기울이고 정부 사업성과나 정책분석에 대한 관심이 미흡하여 정책 및 사업의 우선순위를 파악하기 어렵다.

정답 ③

Topic 21 예산의 분류 및 예산의 구성

> **출제유형**
> 1. 예산의 분류에 따른 기본 개념을 숙지한다.
> 2. 예산의 구성요소 5가지를 암기한다.

I. 예산의 분류

1. 일반회계
일반회계는 조세수입 등을 주요 세입으로 하여 국가의 일반적인 세출에 충당하기 위하여 설치한다.

2. 특별회계
- 특별회계는 국가에서 특정한 사업을 운영하고자 할 때, 특정한 자금을 보유하여 운용하고자 할 때, 특정한 세입으로 특정한 세출에 충당한다.
- 법률로 설치한다.
- 예산집행부서의 재량을 인정한다.
- 특별회계제도는 예산단일의 원칙을 준수하는 데 불리하다.(예산통일원칙의 예외)
- 예산제도가 복잡해지므로 국가재정의 통합적 관리를 어렵게 한다.

3. 기금
- 기금은 국가가 특정한 목적을 위하여 특정한 자금을 신축적으로 운용할 필요가 있을 때에 한정한다.
- 법률로 설치한다.
- 행정부는 기금운용계획안을 회계연도 개시 <u>120일</u> 전까지 국회에 제출하여야 한다.
- 국회는 정부가 제출한 기금운용계획안의 주요항목 지출금액을 증액하거나 새로운 과목을 설치하고자 하는 때에는 미리 정부의 동의를 얻어야 한다.

II. 예산절차상 특징에 따른 예산의 유형

1. 본예산(당초예산)
정기국회의 심의를 거쳐 확정된 최초의 예산

2. 수정예산
예산안이 제출된 이후 국회의결 이전에 기존안의 일부를 수정해 제출한 예산

3. 추가경정예산
예산이 국회를 통과한 이후 예산집행과정에서 다시 제출되는 예산

> **주의!** 수정예산은 국회의결 이전, 추가경정예산은 국회의결 이후로 성립시기가 다르다.

4. 준예산
- 회계연도 개시일까지 국회에서 예산이 의결되지 못하는 경우 사용할 수 있는 예산
- 현재 우리나라, 독일은 준예산제도를 채택

5. 가예산
- 회계연도개시 전에 예산이 의결되지 못하는 경우를 대비해 의회가 미리 1개월분 예산만 의결해 정부로 하여금 집행할 수 있도록 하는 예산
- 우리나라의 제1공화국, 프랑스는 가예산제도를 사용

6. 잠정예산
- 새로운 회계연도가 시작되는 날로부터 최초 수개월분의 일정한 금액의 예산을 정부가 집행할 수 있게 허가하는 제도
- 미국, 영국, 캐나다, 일본 등은 잠정예산제도를 사용하고 있다.

> **심화!** 준예산, 가예산, 잠정예산 비교
> - 공통점 : 예산불성립시 편성하여 운영하는 예산
> - 차이점 : 준예산은 국회의 의결 불필요, 가예산·잠정예산은 국회 의결 필요

III. 예산의 구성(「국가재정법」 제19조 규정)
① 예산총칙
② 세입세출예산
③ 계속비
④ 명시이월비
⑤ 국고채무부담행위

> **주의!** 5가지 꼭 암기한다.

01
기출문제 3회

「국가재정법」상 기금에 관한 설명으로 옳지 않은 것은?

① 기금관리주체는 지출계획의 주요항목 지출금액의 범위 안에서 대통령령이 정하는 바에 따라 세부항목 지출금액을 변경할 수 있다.
② 정부는 주요항목 단위로 마련된 기금운용계획안을 회계연도 개시 90일 전까지 국회에 제출하여야 한다.
③ 국회는 정부가 제출한 기금운용계획안의 주요항목 지출금액을 증액하거나 새로운 과목을 설치하고자 하는 때에는 미리 정부의 동의를 얻어야 한다.
④ 정부는 기금이 여성과 남성에 미칠 영향을 미리 분석한 보고서를 작성하여야 한다.
⑤ 국가가 특정한 목적을 위하여 특정한 자금을 신축적으로 운용할 필요가 있을 때에 한하여 법률로써 설치한다.

Point!
정부는 주요항목 단위로 마련된 기금운용계획안을 회계연도 개시 120일 전까지 국회에 제출하여야 한다.

정답 ②

02
기출문제 5회

특별회계제도에 관한 설명으로 옳은 것은?

① 예산집행부서의 재량을 억제하여 책임성을 제고시킨다.
② 예산단일의 원칙을 준수하는 데 유리하다.
③ 특별회계는 행정각부의 명령으로 설치할 수 있다.
④ 예산통일의 원칙의 예외에 해당하는 제도이다.
⑤ 예산제도가 단순해지므로 국가 재정의 통합적 관리에 유리하다.

Point!
① 예산집행부서의 재량을 인정한다.
② 특별회계제도는 예산단일의 원칙을 준수하는 데 불리하다.
③ 특별회계는 법률로 설치한다.
⑤ 예산제도가 복잡해지므로 국가재정의 통합적 관리를 어렵게 한다.

정답 ④

03
기출문제 9회

특별회계제도에 관한 설명으로 옳은 것은?

① 예산집행부서의 재량을 억제하여 책임성을 제고시킨다.
② 예산단일의 원칙을 준수하는 데 유리하다.
③ 대통령령으로 설치된다.
④ 예산통일의 원칙이 적용되는 제도이다.
⑤ 예산제도가 복잡해지므로 국가재정의 통합적 관리를 어렵게 한다.

Point!
① 예산집행부서의 재량을 인정한다.
② 특별회계제도는 예산 외 운용으로 예산단일의 원칙을 준수하는 데 불리하다.
③ 특별회계는 법률로 설치한다.
④ 예산통일의 원칙의 예외에 해당하는 제도이다.

정답 ⑤

04
기출문제 6회

우리나라 「국가재정법」에서 총괄적으로 규정하고 있는 예산총칙의 사항을 모두 고른 것은?

ㄱ. 계속비 ㄴ. 세입세출예산
ㄷ. 명시이월비 ㄹ. 국고채무부담행위

① ㄱ, ㄴ
② ㄱ, ㄹ
③ ㄴ, ㄷ
④ ㄴ, ㄷ, ㄹ
⑤ ㄱ, ㄴ, ㄷ, ㄹ

Point!
예산의 구성을 암기한다.

「국가재정법」
제19조(예산의 구성) 예산은 예산총칙·세입세출예산·계속비·명시이월비 및 국고채무부담행위를 총칭한다.

정답 ⑤

05
기출문제 10회

정부가 회계연도 개시 120일 전까지 국회에 제출하는 예산안의 구성요소가 아닌 것은?

① 예산총칙
② 세입세출예산
③ 계속비
④ 명시이월비
⑤ 국가결산보고서

Point!
예산의 구성을 암기한다.

정답 ⑤

06
기출문제 1회

예산절차상의 특징에 따른 예산의 유형에 관한 설명으로 옳은 것은?

① 본예산은 정기국회의 심의를 거쳐 확정된 최초의 예산으로 당초예산이라고도 한다.
② 수정예산은 예산이 국회를 통과한 이후 예산집행과정에서 다시 제출되는 예산이다.
③ 추가경정예산은 예산안이 제출된 이후 국회의결 이전에 기존안의 일부를 수정해 제출한 예산이다.
④ 준예산은 새로운 회계연도가 시작되는 날로부터 최초 수개월분의 일정한 금액의 예산을 정부가 집행할 수 있게 허가하는 제도이다.
⑤ 잠정예산은 회계연도개시 전에 예산이 의결되지 못하는 경우를 대비해 의회가 미리 1개월분 예산만 의결해 정부로 하여금 집행할 수 있도록 하는 예산이다.

Point!
② 추가경정예산은 예산이 국회를 통과한 이후 예산집행과정에서 다시 제출되는 예산이다.
③ 수정예산은 예산안이 제출된 이후 국회의결 이전에 기존안의 일부를 수정해 제출한 예산이다.
④ 잠정예산은 새로운 회계연도가 시작되는 날로부터 최초 수개월분의 일정한 금액의 예산을 정부가 집행할 수 있게 허가하는 제도이다.
⑤ 가예산은 회계연도개시 전에 예산이 의결되지 못하는 경우를 대비해 의회가 미리 1개월분 예산만 의결해 정부로 하여금 집행할 수 있도록 하는 예산이다.

정답 ①

Topic 22 행정통제

> **출제유형**
> 1. 행정통제의 유형을 외부통제 vs 내부통제로 비교하여 정리한다. 거의 매년 출제되는 단골 기출문제이다.
> 2. 특히, 외부통제와 내부통제를 공식적 vs 비공식적으로 구분하여 암기한다.

I. 행정통제의 유형(Gilbert)

1. 외부통제
행정부 외부의 통제기관에 의한 통제

2. 내부통제
행정부 내부에서 자체적으로 자기통제

3. 공식적 통제 vs 비공식적 통제
공식적으로 제도화 되었는지에 따라 구분

구분	외부통제	내부통제
공식적	• 사법부에 의한 통제 • 입법부에 의한 통제 • 의회 옴부즈만	• 계층제 및 인사관리제도에 의한 통제 • 감사원에 의한 통제 • 청와대 및 국무총리실에 의한 통제 • 중앙행정부처에 의한 통제 • 국무조정실에 의한 통제 • 우리나라의 옴부즈만(국민권익위원회)
비공식적	• 국민, 이익집단, 시민단체, 시민참여에 의한 통제 • 선거권의 행사에 의한 통제 • 주민참여제도에 의한 통제 • 공익가치에 의한 통제	• 공무원의 직업윤리 • 동료집단의 평가와 비판

오답주의| 우리나라의 옴부즈만(국민권익위원회)는 국무총리 소속으로 공식적 내부통제

01
기출문제 1회

행정통제를 크게 외부통제와 내부통제로 분류할 때 다음 중 그 분류가 다른 것은?

① 사법부에 의한 통제
② 시민단체에 의한 통제
③ 감사원에 의한 통제
④ 선거권의 행사에 의한 통제
⑤ 주민참여제도에 의한 통제

> Point!
> - 공식적 외부통제 : 사법부에 의한 통제
> - 비공식적 외부통제 : 시민단체에 의한 통제, 선거권의 행사에 의한 통제, 주민참여제도에 의한 통제
> - 공식적 내부통제 : 감사원에 의한 통제

정답 ③

02
기출문제 2회

내부적 행정통제에 해당하지 않는 것은?

① 의회 옴부즈만에 의한 통제
② 계층제 및 인사관리제도를 통한 통제
③ 감사원에 의한 통제
④ 청와대 및 국무총리실에 의한 통제
⑤ 중앙행정부처에 의한 통제

> Point!
> - 공식적 내부통제 : 계층제 및 인사관리제도를 통한 통제, 감사원에 의한 통제, 청와대 및 국무총리실에 의한 통제, 중앙행정부처에 의한 통제
> - 공식적 외부통제 : 의회 옴부즈만
>
> 오답주의! 우리나라의 옴부즈만(국민권익위원회)는 국무총리 소속으로 공식적 내부통제

정답 ①

03
기출문제 4회

공식적 수단에 의한 행정통제가 아닌 것은?

① 계층제에 의한 통제
② 입법부에 의한 통제
③ 공익가치에 의한 통제
④ 사법부에 의한 통제
⑤ 국무조정실에 의한 통제

> Point!
> - 공식적 내부통제 : 계층제에 의한 통제, 국무조정실에 의한 통제
> - 공식적 외부통제 : 입법부에 의한 통제, 사법부에 의한 통제
> - 비공식적 외부통제 : 공익가치에 의한 통제

정답 ③

04
기출문제 8회

행정통제의 유형 중 내부통제로 옳은 것은?

① 국민에 의한 통제
② 이익집단에 의한 통제
③ 사법부에 의한 통제
④ 감사원에 의한 통제
⑤ 입법부에 의한 통제

> Point!
> - 공식적 내부통제 : 감사원
> - 비공식적 외부통제 : 국민에 의한 통제, 이익집단에 의한 통제
> - 공식적 외부통제 : 사법부에 의한 통제, 입법부에 의한 통제

정답 ④

05

행정통제의 유형 중 외부통제에 해당하지 않는 것은?

① 입법부에 의한 통제
② 사법부에 의한 통제
③ 시민참여에 의한 통제
④ 이익집단에 의한 통제
⑤ 계층제 및 인사관리제도를 통한 통제

Point!

- 공식적 내부통제 : 계층제 및 인사관리제도
- 공식적 외부통제 : 입법부에 의한 통제, 사법부에 의한 통제
- 비공식적 외부통제 : 시민참여에 의한 통제, 이익집단에 의한 통제

정답 ⑤

Topic 23 옴부즈만 제도

출제유형
1. 전통적 옴부즈만 제도와 우리나라의 옴부즈만(국민권익위원회)를 비교하여 정리한다.
2. 국민권익위원회 vs 시민고충처리위원회를 정리하여 헷갈리지 않도록 한다.

I. 옴부즈만(Ombudsman) 제도

1. 의의
- 국민의 이익을 보호하려는 취지에서 1809년 스웨덴에서 시작된 행정감찰관제도이다.
- 스웨덴에서 처음 시행된 이후 현재 유럽을 비롯한 많은 나라에서 활용되고 있는 행정통제 수단이다.

2. 특징
- 공식적 외부통제 수단 → 입법부(의회) 소속이지만 행정부로부터 독립하여 직무상 높은 자율성을 지님
- 일반적으로 시민의 고발에 의하여 활동을 개시하지만 예외적으로 자기직권으로 조사활동을 하기도 한다.
- 행정권의 남용이나 부당행위로 국민의 권리가 침해되었을 때 구제하는 것을 목적으로 한다.
- 장점 : 사법부의 판결에 비해 간편하고 신속하게 문제를 해결할 수 있다.
- 우리나라의 국민권익위원회는 옴부즈만 제도와 유사하다고 볼 수 있다.
- 독립적 지위를 가진 사람이 조사를 하여 시정을 촉구하거나 건의함으로써 국민의 권리를 구제한다.

> **오답주의** 옴부즈만과 유사한 국민권익위원회는 법원이 내린 결정 처분에 대해 직접 결정할 수 없다. 시정조치 등 권고 또는 의견표명하며 신청에 의한 조사만 가능하고 직권조사권 ✕

Ⅱ. 우리나라의 국민권익위원회

1. 구성 및 소속
- 국무총리 소속(행정부 소속) 기관이다.
  > 오답주의! 일반적 옴부즈만은 의회(입법부 소속)인 경우가 일반적
- 국민권익위원회 위원은 재직 중 지방의회의원직을 겸임할 수 없다.
- 정당의 당원은 국민권익위원회 위원이 될 수 없다.

2. 임기
국민권익위원회의 임기는 3년이며, 1차 연임할 수 있다.
  > 오답주의! 시민고충처리위원회는 임기 4년이며, 연임 ✕

3. 권한
- 고충민원의 조사와 처리 및 이와 관련된 시정권고 업무를 수행한다.
- 권고, 의견 표명, 감사 의뢰 등을 할 수 있다.
- 고충민원의 처리와 그에 관련된 불합리한 행정제도의 개선을 목적으로 한다.
- 중앙행정심판위원회의 운영에 관한 업무를 수행한다.

Ⅲ. 국민권익위원회 vs 시민고충처리위원회

구 분	국민권익위원회	시민고충처리위원회
소 속	국무총리	지방자치단체
임 기	임기 3년, 1차 연임 가능	임기 4년, 연임 ✕

01
기출문제 3회

옴부즈만(Ombudsman) 제도에 관한 설명으로 옳지 않은 것은?

① 문제해결을 위한 처리과정에 시간이 많이 걸린다.
② 행정권의 남용이나 부당행위로 국민의 권리가 침해되었을 때 구제하는 것을 목적으로 한다.
③ 일반적으로 시민의 고발에 의하여 활동을 개시하지만 자기직권으로 조사활동을 하기도 한다.
④ 우리나라의 국민권익위원회는 옴부즈만 제도와 유사하다고 볼 수 있다.
⑤ 스웨덴에서 처음 시행된 이후 현재 유럽을 비롯한 많은 나라에서 활용되고 있는 행정통제 수단이다.

Point!
옴부즈만 제도는 사법부의 판결에 비해 간편하고 신속하게 문제를 해결할 수 있다.

정답 ①

02
기출문제 8회

옴부즈만(Ombudsman) 제도에 관한 설명으로 옳지 않은 것은?

① 국민의 이익을 보호하려는 취지에서 1809년 스웨덴에서 시작된 행정감찰관제도이다.
② 필요한 사항을 조사해 결과를 알려주고 언론을 통해 공표하기도 한다.
③ 옴부즈만은 기능적으로 자율적이고 입법부와 행정부로부터 독립되어 있다.
④ 독립적 지위를 가진 사람이 조사를 하여 시정을 촉구하거나 건의함으로써 국민의 권리를 구제한다.
⑤ 옴부즈만과 유사한 국민권익위원회는 법원이 내린 결정 처분에 대해 시정조치, 권고, 취소를 결정한다.

Point!
옴부즈만과 유사한 국민권익위원회는 법원이 내린 결정 처분에 대해 직접 결정할 수 없다.
시정조치 등 권고 또는 의견표명하며 신청에 의한 조사만 가능하고 직권조사권 ✗

정답 ⑤

03 기출문제 1회

국민권익위원회에 관한 설명으로 옳지 않은 것은?

① 국무총리 소속 기관이다.
② 국민권익위원회 위원의 임기는 3년이며, 연임할 수 없다.
③ 국민권익위원회 위원은 재직 중 지방의회의원직을 겸임할 수 없다.
④ 고충민원의 조사와 처리 및 이와 관련된 시정권고 업무를 수행한다.
⑤ 정당의 당원은 국민권익위원회 위원이 될 수 없다.

Point!

국민권익위원회의 임기는 3년이며, 1차 연임할 수 있다.

오답주의! 시민고충처리위원회는 임기 4년이며, 연임 ✕

「부패방지 및 국민권익위원회의 설치와 운영에 관한 법률」

제16조(직무상 독립과 신분보장)
① 위원회는 그 권한에 속하는 업무를 독립적으로 수행한다.
② <u>위원장과 위원의 임기는 각각 3년으로 하되 1차에 한하여 연임할 수 있다.</u>
③ 위원은 다음 각 호의 어느 하나에 해당하는 경우를 제외하고는 그 의사에 반하여 면직 또는 해촉되지 아니한다.
 1. 제15조제1항 각 호의 어느 하나에 해당하는 때
 2. 심신상의 장애로 직무수행이 현저히 곤란하게 된 때
 3. 제17조에 따른 겸직금지의무에 위반한 경우
④ 제3항제2호의 경우에는 전체 위원 3분의 2 이상의 찬성에 의한 의결을 거쳐 위원장의 제청으로 대통령 또는 국무총리가 면직 또는 해촉한다.

정답 ②

04 기출문제 6회

우리나라의 국민권익위원회에 관한 설명으로 옳지 않은 것은?

① 국무총리 소속으로 설치되어 있으며, 옴부즈만의 일종으로 간주되기도 한다.
② 권고, 의견 표명, 감사 의뢰 등을 할 수 있다.
③ 고충민원의 처리와 그에 관련된 불합리한 행정제도의 개선을 목적으로 한다.
④ 국민권익위원회는 소관 업무의 원활한 수행을 위하여 직속기관으로 시민고충처리위원회를 둔다.
⑤ 국민권익위원회는 중앙행정심판위원회의 운영에 관한 업무를 수행한다.

Point!

시민고충처리위원회는 지방자치단체 소속이다.

오답주의! 국민권익위원회는 국무총리 소속이다.

「부패방지 및 국민권익 위원회의 설치와 운영에 관한 법률」, 제2조 제9항

"시민고충처리위원회"란 지방자치단체 및 그 소속 기관(법령에 따라 지방자치단체나 그 소속 기관의 권한을 위임 또는 위탁받은 법인·단체 또는 그 기관이나 개인을 포함한다. 이하 같다)에 대한 고충민원의 처리와 이에 관련된 제도개선을 위하여 제32조에 따라 설치되는 기관을 말한다.

정답 ④

Topic 24 행정개혁

> **출제유형**
> 1. 행정개혁 접근방법을 꼼꼼하게 정리한다.
> 2. 행정개혁에 대한 저항 극복방안을 비교하여 암기한다.

Ⅰ. 행정개혁 접근방법

1. 행태적·인간관계적 접근방법
관료(공무원)의 신념, 가치관, 의식개혁, 업무자세 및 태도 개선 등 중시, 행태과학의 지식과 기법을 활용한다.

2. 구조적 접근방법
고전적 조직이론에 입각하여 조직의 명령계통, 통솔의 범위, 기능배분, 권한과 책임의 한계 등을 주요 대상

3. 과정적·기술적 접근방법
행정체제의 과정을 개선하는 것, 조직 내의 일의 흐름 또는 과정을 개선하는 것이다.

4. 문화적(조직문화) 접근방법
행정문화 개혁이다. 조직의 상징체계, 신화, 의례를 바꾸고 그에 따라 조직구성원의 행동양식과 관행 그리고 신념을 혁신하고자 하는 것이다.

5. 통합적(종합적) 접근방법
개방체제에 입각하여 개혁대상을 포괄적으로 관찰하는 것이다.

Ⅱ. 행정개혁에 대한 저항 극복방안

1. 사회적·규범적 극복방안
교육훈련, 의사소통과 참여촉진, 개혁지도자의 카리스마 개선, 가치갈등 해소, 사명감 고취와 역할 인식 강화

2. 공리적·기술적 극복방안
임용상 불이익 방지(신분 유지 약속), 경제적 보상, 개혁의 공공성에 대한 홍보

3. 강제적 극복방안
긴장조성, 물리적인 제재 및 불이익 행사, 권력구조 개편

01
기출문제 2회

고전적 조직이론에 입각하여 조직의 명령계통, 통솔의 범위, 기능배분, 권한과 책임의 한계 등을 주요 대상으로 하는 행정개혁의 접근방법은?

① 구조적 접근방법
② 과정적·기술적 접근방법
③ 종합적 접근방법
④ 인간관계론적 접근방법
⑤ 행태적 접근방법

Point!
행정개혁의 접근방법을 꼼꼼하게 정리한다.

정답 ①

02
기출문제 7회

행정개혁 저항에 대한 사회적·규범적 극복방안으로 옳은 것을 모두 고른 것은?

ㄱ. 교육훈련
ㄴ. 임용상 불이익 방지
ㄷ. 경제적 보상
ㄹ. 긴장조성
ㅁ. 의사소통과 참여 촉진

① ㄱ, ㄹ   ② ㄱ, ㅁ   ③ ㄴ, ㄷ
④ ㄴ, ㄹ   ⑤ ㄷ, ㅁ

Point!
행정개혁 저항의 극복방안 3가지를 구분한다.
- 사회적·규범적 극복방안 : 교육훈련, 의사소통과 참여촉진
- 공리적·기술적 극복방안 : 임용상 불이익 방지, 경제적 보상
- 강제적 극복방안 : 긴장조성

정답 ②

03
기출문제 10회

행정개혁의 저항을 극복하기 위한 규범적·사회적 전략으로 옳은 것을 모두 고른 것은?

ㄱ. 의사전달과 참여의 확대
ㄴ. 개혁의 공공성에 대한 홍보
ㄷ. 사명감 고취와 역할 인식 강화
ㄹ. 권력구조 개편과 긴장 조성
ㅁ. 신분보장과 경제적 보상
ㅂ. 가치갈등 해소

① ㄱ, ㄴ, ㄹ   ② ㄱ, ㄷ, ㅂ
③ ㄴ, ㄷ, ㅁ   ④ ㄴ, ㄹ, ㅁ
⑤ ㄷ, ㅁ, ㅂ

Point!
행정개혁 저항의 극복방안 3가지를 구분한다.
- 사회적·규범적 극복방안 : ㄱ, ㄷ, ㅂ
- 공리적·기술적 극복방안 : ㄴ, ㅁ
- 강제적 극복방안 : ㄹ

정답 ②

04

기출문제 8회

행정개혁의 접근방법에 관한 설명으로 옳은 것은?

① 구조적 접근방법은 행태과학의 지식과 기법을 활용한다.
② 과정적 접근방법이 관심을 갖는 개혁대상은 분권화의 수준개선과 조직의 기능이다.
③ 과정적 접근방법은 바람직한 문화변동을 추진한다.
④ 구조적 접근방법이 갖는 관심은 통솔범위의 조정, 권한배분의 개편 등을 대상으로 한다.
⑤ 통합적 접근방법은 폐쇄체제에 입각하여 개혁대상을 포괄적으로 관찰하는 것이다.

Point!
① 행태적·인간관계적 접근방법은 행태과학의 지식과 기법을 활용한다.
② 구조적 접근방법이 관심을 갖는 개혁대상은 분권화의 수준개선과 조직의 기능이다.
③ 문화적 접근방법은 바람직한 문화변동을 추진한다.
⑤ 통합적 접근방법은 개방체제에 입각하여 개혁대상을 포괄적으로 관찰하는 것이다.

정답 ④

05

기출문제 9회

행정개혁의 접근방법 중 조직의 상징체계, 신화, 의례를 바꾸고 그에 따라 조직구성원의 행동양식과 관행 그리고 신념을 혁신하고자 하는 것은?

① 구조적 접근방법
② 과정적 접근방법
③ 기술적 접근방법
④ 조직문화 접근방법
⑤ 행태적 접근방법

Point!
행정개혁의 접근방법을 꼼꼼하게 정리한다.

정답 ④

06

기출문제 10회

행정개혁의 구조적 접근방법에 관한 설명으로 옳지 않은 것은?

① 행정체계의 구조적 설계를 개선함으로써 행정개혁의 목표를 달성하려는 접근방법이다.
② 분권화 수준의 개선, 권한배분의 개편, 명령계통의 수정, 작업집단의 설계 등을 추진한다.
③ 주된 목표는 기능중복의 제거 및 표준적 절차의 간소화 등이다.
④ 조직의 분권화를 통해 조직계층의 단순화, 명령과 책임 등을 명확히 할 수 있다.
⑤ 공무원의 의식개혁, 업무자세 및 태도 개선 등에 초점을 맞춘다.

Point!
행태적·인간관계적 접근방법은 공무원의 의식개혁, 업무자세 및 태도 개선 등에 초점을 맞춘다.

정답 ⑤

Topic 25 정부 간 사무배분

> **출제유형**
> 사무배분의 원칙을 꼼꼼히 정리한다.

Ⅰ. 사무(기능)배분의 원칙

1. 보충성의 원칙
기초자치단체가 처리하기 어려운 사무는 광역자치단체가 맡고 지방자치단체에서 처리하기 어려운 사무는 중앙정부의 사무로 처리해야 한다.(하급 단위의 처리 가능한 업무는 상급 단위에서 직접 처리해서는 안됨)

> **중요!** 기초자치단체우선의 원칙

> 「지방자치법」 제14조(지방자치단체의 종류별 사무배분기준)
> ③ 시·도와 시·군 및 자치구는 사무를 처리할 때 서로 겹치지 아니하도록 하며, 사무가 겹치면 시·군 및 자치구에서 먼저 처리한다.

2. 포괄성의 원칙
국가가 지방자치단체에 사무를 배분하거나 지방자치단체가 다른 지방자치단체에 재배분할 때에 사무를 포괄적으로 이양하는 것이다.

> 「지방자치법」 제11조(사무배분의 기본원칙)
> ③ 국가가 지방자치단체에 사무를 배분하거나 지방자치단체가 사무를 다른 지방자치단체에 재배분할 때에는 사무를 배분 받거나 재배분받는 지방자치단체가 그 사무를 자기의 책임하에 종합적으로 처리할 수 있도록 관련 사무를 포괄적으로 배분하여야 한다.

3. 충분재정의 원칙
경비부담능력으로 사무와 기능배분은 이를 처리할 수 있는 행·재정적 지원이 충분하게 이뤄져야 한다.

4. 종합성의 원칙
사무를 종합적으로 처리하기 위하여 일선기관(특별지방행정기관)보다는 일반지방자치단체에 사무를 집중적으로 배분한다.

> **중요!** 일반지방자치단체가 우선한다.

5. 지역성(현지성)의 원칙

사무를 지역적 특수성을 고려하여 현지에 맞게 기초자치단체에 배분한다.

> **중요!** 기초자치단체가 우선한다.

6. 효율성(경제성)의 원칙

최소의 비용으로 최대의 효과를 달성할 수 있는 단체에 배분한다.

> **심화!** 불경합(책임명확화)의 원칙 : 사무를 이중배분을 금지하며, 국가와 지방자치단체가 서로 경합하지 않도록 사무의 소속과 책임을 명확하게 한다.

01
기출문제 5회

'기초자치단체가 처리하기 어려운 사무는 광역자치단체가 맡고 지방자치단체에서 처리하기 어려운 사무는 중앙정부의 사무로 처리해야 한다'와 관련된 사무배분 원칙은?

① 포괄성의 원칙
② 종합성의 원칙
③ 지역성의 원칙
④ 가외성의 원칙
⑤ 보충성의 원칙

Point!

심화 가외성(행정이념)

- **개념** : 여러 기관에서 한 가지 기능이 혼합되는 중첩성과 동일 기능이 여러 기관에서 독립적으로 수행되는 중복성 등을 포괄하는 개념이다.
- **필요성** : 정치·행정상의 모든 제도는 불확실한 상황에서의 오류 발생 가능성을 최소화하고 체제의 신뢰성과 적응성을 높이기 위함

정답 ⑤

02
기출문제 8회

중층의 국가공동체 조직에서 하급단위가 잘 처리할 수 있는 업무를 상급단위에서 직접 처리하면 안 된다는 원칙은?

① 딜론(Dillon)의 원칙
② 법률유보의 원칙
③ 충분재정의 원칙
④ 보충성의 원칙
⑤ 포괄성의 원칙

Point!

- **법률유보의 원칙** : 적극적 의미의 합법성, 법률에 근거가 있어야 행정권을 발동할 수 있다.

주의 법률우위의 원칙 : 소극적 의미의 합법성, 국회에서 제정한 법률이 다른 기관에서 제정한 법규보다 우월한 효력을 갖는다.

- **딜론(Dillon)의 원칙** : 지방정부는 주정부의 창조물이므로 주정부의 권한을 넘어설 수 없고 명백히 부여된 자치권만을 행사하게 된다. 주방정부는 지방정부를 폐지할 수 있는 원칙으로 중앙집권화를 반영.

주의!

- **피터의 원리** : 무능력자가 각자의 능력을 넘는 수준까지 승진하는 것
- **파킨슨의 법칙** : 공무원의 수가 업무량에 관계없이 일정비율로 증가하는 현상

정답 ④

03 기출문제 9회

다음에서 설명하는 중앙·지방정부 간 사무배분의 원칙으로 옳은 것은?

- 기초지방정부가 할 수 있는 일을 상급정부가 관여해서는 안 된다는 기초지방 정부 우선의 원칙이다.
- 중앙정부의 역할은 지방정부의 기능을 보완하는 측면에 국한해야 한다.

① 포괄성의 원칙 ② 가외성의 원칙
③ 효율성의 원칙 ④ 보충성의 원칙
⑤ 충분재정의 원칙

정답 ④

04 기출문제 11회

「지방자치법」상 지방자치단체의 사무 배분 및 처리의 기본원칙에 관한 설명으로 옳지 않은 것은?

① 국가는 국가와 지방자치단체 간의 사무를 주민의 편의증진 등을 고려하여 서로 중복되지 아니하도록 배분하여야 한다.
② 국가가 지방자치단체에 사무를 배분할 때에는 관련 사무를 포괄적으로 배분하여야 한다.
③ 도와 시·군이 사무를 처리할 때 사무가 서로 겹치면 도에서 먼저 처리한다.
④ 지방자치단체는 조직과 운영을 합리적으로 하고 규모를 적절하게 유지하여야 한다.
⑤ 시·군 및 자치구는 해당 구역을 관할하는 시·도의 조례를 위반하여 사무를 처리할 수 없다.

Point!

「지방자치법」 제11조(사무배분의 기본원칙) 제2항

국가는 제1항에 따라 사무를 배분하는 경우 지역주민 생활과 밀접한 관련이 있는 사무는 원칙적으로 시·군 및 자치구의 사무로, 시·군 및 자치구가 처리하기 어려운 사무는 시·도의 사무로, 시·도가 처리하기 어려운 사무는 국가의 사무로 각각 배분하여야 한다.

정답 ③

Topic 26 지방자치단체의 재정

> **출제유형**
> 1. 국고보조금 vs 지방교부세의 특징을 비교하여 헷갈리지 않는다.
> 2. 우리나라 지방조정제도의 특징을 꼼꼼히 정리한다.

I. 국고보조금

1. 개념
지방자치단체에 재정사정상 필요하다고 인정되는 경우 용도를 특정하여 교부하는 자금

2. 재원
특정재원 (용도지정 ○)

3. 특징
- 중앙정부와 지방정부 간의 수직적 재정조정제도이다.
- 중앙정부가 재정여건, 정책목표 등을 고려하여 지원 여부를 결정한다.
- 국가 시책을 장려하기 위하여 지원하는 경우도 있다.
- 재원의 성격상 의존재원이다.
- '끈이 달린 돈(money with strings)'의 성격을 띤다.
- 용도를 지정하는 특정재원으로 지방자치단체의 자율성을 저해한다.

II. 지방교부세

1. 개념
지방재정의 지역 간 불균형을 시정하기 위해 일정한 기준에 따라 국가가 각 자치단체에 배분하여 교부하는 조정재원

2. 재원
일반재원 (용도지정 ✕)

3. 특징

- 지방자치단체의 <u>지방비 부담이 없다</u>.
- 본질적으로 지방자치단체의 공유적 독립재원에 속한다.
- 보통교부세는 사용용도가 정해져 있지 않은 일반재원이다.
    - **심화!** 보통교부세 : 재정력지수가 1이하인 자치단체에 교부하는 일반재원이다.
- 지방자치단체 간 재정불균형의 조정(수평적 조정재원)은 가능하나, 중앙정부와 지방자치단체 간 수직적 재정균형 기능은 미흡하다.
- 지방교부세가 많을수록 재정자립도는 낮아진다.

III. 우리나라의 지방재원

1. 자주재원
- 개념 : 지방자치단체가 자주적으로 결정하는 재원
- 지방세, 세외수입 등이 있다.

    심화! 지방세
    - 과세 용도에 따른 분류 : 보통세, 목적세
    1) 보통세 : 취득세, 주민세, 지방소비세, 지방소득세, 재산세, 등록면허세, 담배소비세, 자동차세, 레저세
    2) 목적세 : <u>지역자원시설세, 지방교육세</u>

    심화! 세외수입
    - 개념 : 지방자치단체의 자치수입 중 지방세 이외의 수입
    - 수수료, 사용료, 재산임대수입, 재산매각수입, 기부금 등

2. 의존재원
- 개념 : 국가나 상급자치단체에서 결정하는 재원
- 국고보조금, 지방교부세, 조정교부금 등이 있다.

    심화! 지방교부금
    - 시·군 조정교부금 : 광역시·도에서 시·군에 교부
    - 자치구 조정교부금 : 보통세 수입의 일정액을 특별시·광역시에서 자치구에 교부

    주의! 중앙정부에 의한 지방재정조정제도의 형태가 아님!

01
기출문제 3회

국고보조금에 관한 설명으로 옳지 않은 것은?

① 지방자치단체의 자율성을 약화시킨다.
② 용도가 정해져 있지 않은 일반재원이다.
③ 중앙정부와 지방정부 간의 수직적 재정조정제도이다.
④ 중앙정부가 재정여건, 정책목표 등을 고려하여 지원 여부를 결정한다.
⑤ 국가 시책을 장려하기 위하여 지원하는 경우도 있다.

> **Point!**
> 국고보조금은 용도가 정해져 있는 특정재원이다.
> **주의!** 지방교부세는 용도가 정해져 있지 않은 일반재원이다.
>
> 정답 ②

02
기출문제 4회

우리나라 지방재정조정제도에 관한 설명으로 옳지 않은 것은?

① 지역 간 재정적 불균형을 시정하는 기능을 한다.
② 거주 지역에 관계없이 국민에게 보장해야 하는 최소한의 공공서비스를 제공하게 위한 재원을 확충하는 데 도움을 준다.
③ 국가적으로 추진하는 사업을 장려하거나 촉진하는 기능을 수행한다.
④ 긍정적 외부효과가 큰 지방공공재의 공급을 지원하는 기능이 있다.
⑤ 지방행정 수행에 필요한 재정수요를 충족시켜 지방재정자립도 향상에 기여한다.

> **Point!**
> 지방재정조정제도는 지방 자치 단체 간의 재정 격차를 시정하기 위하여 중앙 정부가 국세의 일부나 다른 자금을 일정한 기준에 따라 각 지방 자치 단체에 배분하는 제도이다. 국고보조금, 지방교부세, 조정교부금제도 등이 있다. 이는 의존재원으로 자주재원이 아니므로 지방재정자립도 향상에 기여하지 못한다.
>
> 정답 ⑤

03
기출문제 6회

우리나라의 지방재정조정제도에 관한 설명으로 옳은 것은?

① 대부분의 지방교부세는 '끈이 달린 돈(money with strings)'의 성격을 띤다.
② 많은 경우에 있어 지방교부세는 지방자치단체의 지방비 부담을 요구한다.
③ 조정교부금은 일단 교부되면 해당 지방자치단체의 일반재원처럼 활용된다.
④ 국고보조금은 지방자치단체의 자율성을 강화하기 위해 활용된다.
⑤ 2018년 현재 지방이양사업의 원활한 추진을 위해 운영되는 제도로는 분권교부세가 있다.

> **Point!**
> 국고보조금 vs 지방교부세의 특징을 정확히 구분한다.
> ① 국고보조금은 '끈이 달린 돈(money with strings)'의 성격을 띤다.
> ② 많은 경우에 있어 지방교부세는 지방자치단체의 지방비 부담이 없다.
> ④ 국고보조금은 용도를 지정하는 특정재원으로 지방자치단체의 자율성을 저해한다.
> ⑤ 분권교부세는 2015년 1월1일에 폐지되어 현재 존재하지 않는다.
>
> 정답 ③

04 기출문제 2회

우리나라 지방교부세에 관한 설명으로 옳지 않은 것은?

① 지방교부세는 본질적으로 지방자치단체의 공유적 독립재원에 속한다.
② 보통교부세는 사용용도가 정해져 있지 않은 일반재원이다.
③ 지방자치단체 간 재정불균형의 조정은 가능하나, 중앙정부와 지방자치단체 간 수직적 재정균형 기능은 미흡하다.
④ 지방자치단체들은 재정자립도 향상 차원에서 지방교부세의 증액을 위해 노력하고 있다.
⑤ 현행 제도상 보통교부세를 교부받지 않는 지방자치단체도 존재하고 있다.

Point!
지방교부세는 중앙정부가 교부하는 의존재원의 성격이므로 지방교부세가 교부 받을수록 재정자립도는 낮아진다. 재정자립도 향상을 위해서는 지방교부세의 증액이 되어서는 안 된다.

정답 ④

05 기출문제 9회

현재 우리나라의 지방재원에 관한 설명으로 옳은 것은?

① 지방교부세는 과세용도에 따라 보통세와 목적세로 나눈다.
② 세외수입은 재원의 성격상 의존재원이다.
③ 국고보조금은 재원의 성격상 자체재원이다.
④ 특정재원과 달리 일반재원은 지방자치단체가 어떠한 경비로도 자유롭게 지출할 수 있는 재원이다.
⑤ 지방세 수입에는 사용료, 수수료, 재산임대수입 등이 있다.

Point!
① 지방세는 과세용도에 따라 보통세와 목적세로 나눈다.
② 세외수입은 재원의 성격상 자주재원이다.
③ 국고보조금은 재원의 성격상 의존재원이다.
⑤ 세외수입에는 사용료, 수수료, 재산임대수입 등이 있다.

정답 ④

Topic 27 지방공기업

> **출제유형**
> 지방공기업의 특징을 비교하여 정리한다.

I. 지방공기업

1. 개념
지방자치단체가 직접 설치·경영하거나 법인을 설립하여 경영하는 기업

2. 특징
- 지역주민의 복리증진 등을 목적으로 한다.
- 지방공기업은 특별회계로 운영되며, 지방의회의 예산 심의 및 의결을 받는다.
- 「지방공기업법」의 적용을 받고, 「지방자치법」의 적용대상이다.
- 지방자치단체의 통제를 받는다.

3. 유형

구분	지방직영기업	지방공사 및 공단
개념	지방자치단체가 직접 운영, 지방자치단체의 장이 사업마다 관리자를 임명, 사업마다 특별회계 설치	• 지방공사 : 전액 또는 50% 이상을 지방자치단체가 출자, 민간출자 허용 • 지방공단 : 전액 지방자치단체가 출자, 민간출자 X
경영방식	직접경영방식	간접경영방식
직원	지방공무원	공무원 X

01
기출문제 5회

「지방공기업법」상 지방직영기업에 관한 설명으로 옳은 것은?

① 지방자치단체는 지방직영기업을 설치·경영하려는 경우에는 그 설치 후 운영의 기본사항을 조례로 정하여야 한다.
② 지방자치단체가 새로운 법인을 설립하여 운영하는 간접경영방식이다.
③ 일반회계와는 별도로 예산의 심의, 확정에 지방의회의 의결이 필요 없는 특별회계로 운영된다.
④ 「지방공기업법」의 적용을 받기 때문에 「지방자치법」의 적용을 받지 않는다.
⑤ 지방자치단체로부터 독립해 있기 때문에 지방자치단체장의 통제를 받지 않는다.

Point!
② 지방직영기업은 지방자치단체가 직접 설치·경영하는 직접경영방식이다.
③ 사업마다 특별회계를 설치하여야 하고, 지방의회의 의결을 받아야한다.
④ 지방직영기업은 지방공기업에서 규정한 사항을 제외하고는 「지방자치법」, 「지방재정법」, 그 밖의 관계법령의 적용을 받는다.
⑤ 지방자치단체는 지방직영기업의 업무를 관리·집행하기 위하여 사업마다 관리자를 둔다.

정답 ①

02
기출문제 7회

지방공기업에 관한 설명으로 옳은 것은?

① 일반회계와는 별도로 지방의회의 예산 심의 및 의결이 필요 없는 특별회계로 운영된다.
② 「지방공기업법」의 적용을 받기 때문에 「지방자치법」의 적용대상은 아니다.
③ 지방자치단체가 지역주민의 복리증진 등을 목적으로 직접 설치·경영하거나 법인을 설립하여 경영하는 기업이다.
④ 지방자치단체로부터 독립해 있기 때문에 지방자치단체의 통제를 받지 않는다.
⑤ 지방공사 및 지방공단에 소속된 직원은 신분이 지방공무원이다.

Point!
① 지방공기업은 특별회계로 운영되며, 지방의회의 예산 심의 및 의결을 받는다.
② 「지방공기업법」의 적용을 받고, 「지방자치법」의 적용대상이다.
④ 지방자치단체의 통제를 받는다.
⑤ 지방공사 및 지방공단에 소속된 직원은 신분이 공무원이 아니다.

정답 ③